COPPENRATHS
KINDERKLASSIKER

Dieses Buch gehört:

_____

Sei lieb zu diesem Buch!

In dieser Reihe sind bereits erschienen:

H. C. Andersens Winter- und Weihnachtsmärchen (ISBN 978-3-8157-8437-2)

James M. Barrie: Peter Pan (ISBN 978-3-8157-4138-2)

Gerdt von Bassewitz: Peterchens Mondfahrt (ISBN 978-3-8157-3921-1)

L. Frank Baum: Der Zauberer von Oz (ISBN 978-3-8157-3989-1)

Gottfried A. Bürger: Baron Münchhausen (ISBN 978-3-8157-4017-0)

Frances H. Burnett: Der geheime Garten (ISBN 978-3-8157-7852-4)

Frances H. Burnett: Der kleine Lord (ISBN 978-3-8157-7110-5)

Lewis Carroll: Alice im Wunderland (ISBN 978-3-8157-4285-3)

Carlo Collodi: Pinocchio (ISBN 978-3-8157-3920-4)

Charles Dickens: Eine Weihnachtsgeschichte (ISBN 978-3-8157-4277-8)

Wilhelm Hauff: Der kleine Muck und andere Märchen (ISBN 978-3-8157-8453-2)

Rudyard Kipling: Das Dschungelbuch (ISBN 978-3-8157-8443-3)

Johanna Spyri: Heidi (ISBN 978-3-8157-3922-8)

5 4 3 2 1   16 15 14 13 12
ISBN 978-3-649-60870-7
© 2012 Coppenrath Verlag GmbH & Co. KG, Münster
Autorenporträt von Ute Simon
Alle Rechte vorbehalten, auch auszugsweise
Printed in China

www.coppenrath.de

Schneewittchen
und andere Märchen der Brüder Grimm

Mit Bildern von Markus Zöller

COPPENRATH

Inhaltsverzeichnis

  5   Schneewittchen
19   Dornröschen
25   Das tapfere Schneiderlein
39   Die zertanzten Schuhe
45   Hänsel und Gretel
57   Die sechs Schwäne
65   Frau Holle
71   Der gestiefelte Kater

~ 5 ~
Schneewittchen

Es war einmal mitten im Winter und die Schneeflocken fielen wie Federn vom Himmel herab. Da saß eine Königin an einem Fenster, das einen Rahmen von schwarzem Ebenholz hatte, und nähte. Und wie sie so nähte, stach sie sich mit der Nadel in den Finger, und es fielen drei Tropfen Blut in den Schnee. Und weil das Rote im weißen Schnee so schön aussah, dachte sie bei sich: „Hätt ich doch ein Kind, so weiß wie Schnee, so rot wie Blut und so schwarz wie das Holz an dem Rahmen!" Bald darauf bekam sie ein Töchterlein, das war so weiß wie Schnee, so rot wie Blut und so schwarzhaarig wie Ebenholz und ward darum Schneewittchen genannt. Und wie das Kind geboren war, starb die Königin. Über ein Jahr nahm sich der König eine andere Gemahlin, eine schöne Frau, doch sie war stolz und konnte es nicht leiden, wenn jemand schöner war als sie.
Sie hatte aber einen wunderbaren Spiegel. Wenn sie sich darin beschaute, sprach sie: „Spieglein, Spieglein an der Wand, wer ist die Schönste im ganzen Land?" Und wenn der Spiegel antwortete: „Frau Königin, Ihr seid die Schönste im Land", dann war sie zufrieden.
Schneewittchen aber wuchs heran und wurde immer schöner, und als es sieben Jahre alt war, war es so schön wie der klare Tag und schöner als die Königin selbst.
Einmal fragte diese ihren Spiegel: „Spieglein, Spieglein an der Wand, wer ist die Schönste im ganzen Land?"

Da antwortete der Spiegel: „Frau Königin, Ihr seid die Schönste hier, aber Schneewittchen ist tausendmal schöner als Ihr."

Die Königin erschrak und ward gelb und grün vor Neid. Von Stund an, wenn sie Schneewittchen erblickte, kehrte sich ihr das Herz im Leibe herum, so hasste sie das Mädchen! Neid und Hochmut wuchsen wie ein Unkraut in ihrem Herzen, immer höher, dass sie Tag und Nacht keine Ruhe mehr hatte.

Da rief sie einen Jäger und sprach: „Bring das Kind hinaus in den Wald, ich will's nicht mehr vor meinen Augen sehen. Du sollst es töten und mir Lunge und Leber zum Wahrzeichen mitbringen."

Der Jäger gehorchte und führte das Mädchen hinaus in den Wald. Als er aber den Hirschfänger gezogen hatte, um Schneewittchens unschuldiges Herz zu durchbohren, fing es an zu weinen und sprach: „Ach, lieber Jäger, lass mir mein Leben! Ich will in den wilden Wald laufen und nimmermehr wieder heimkommen."

Und weil es gar so schön war, hatte der Jäger Mitleid und sprach: „So lauf hin, du armes Kind!"

„Die wilden Tiere werden dich bald gefressen haben", dachte er, und doch war's ihm, als wäre ein Stein von seinem Herzen gewälzt, weil er es nicht selbst umzubringen brauchte. Und als gerade ein junger Frischling dahergesprungen kam, tötete er ihn, nahm Lunge und Leber heraus und brachte sie als Wahrzeichen der Königin mit.

Nun war das arme Kind in dem großen Wald mutterseelenallein, und ihm ward so angst, dass es anfing zu laufen, über spitze Steine und durch Dornen, und die wilden Tiere sprangen an ihm vorbei, aber sie taten ihm nichts. Es lief, solange nur die Füße noch konnten, bis es Abend werden wollte.

Da sah es ein kleines Häuschen und ging hinein. Darin aber war alles zierlich und reinlich. Ein weiß gedecktes Tischlein stand da mit sieben kleinen Tellern, jedes Tellerlein mit seinem Löffelein, ferner sieben

Messerlein und Gäbelein und sieben Becherlein. An der Wand waren sieben Bettlein nebeneinander aufgestellt und schneeweiße Laken darübergedeckt. Schneewittchen, weil es so hungrig und durstig war, aß von jedem Tellerlein ein wenig Gemüse und Brot und trank aus jedem Becherlein einen Tropfen Wein, denn es wollte nicht einem alles wegnehmen. Und weil es so müde war, wollte es sich hinlegen, aber keines der Bettchen passte: Das eine war zu lang, das andere zu kurz. Doch das siebente war endlich recht. Darin blieb es liegen und schlief ein. Als es ganz dunkel geworden war, kamen die Herren des Häusleins, das waren die sieben Zwerge, die in den Bergen nach Erz hackten und gruben. Sie zündeten ihre sieben Lichtlein an, und wie es nun hell im Häuslein ward, sahen sie, dass jemand darin gesessen hatte, denn es stand nicht alles so in der Ordnung, wie sie es verlassen hatten.

Der erste sprach: „Wer hat auf meinem Stühlchen gesessen?"

Der zweite: „Wer hat von meinem Tellerchen gegessen?"

Der dritte: „Wer hat von meinem Brötchen genommen?"

Der vierte: „Wer hat von meinem Gemüschen gegessen?"

Der fünfte: „Wer hat mit meinem Gäbelchen gestochen?"

Der sechste: „Wer hat mit meinem Messerchen geschnitten?"

Der siebente: „Wer hat aus meinem Becherlein getrunken?"

Dann sah der erste, dass auf seinem Bett eine kleine Delle war, und sprach: „Wer hat in mein Bettchen getreten?"

Da riefen die anderen: „In unserem hat auch jemand gelegen!"

Der siebente aber, als er in sein Bett schaute, erblickte Schneewittchen, das lag darin und schlief. Nun rief er die anderen, die kamen herbei, holten ihre Lichtlein und beleuchteten Schneewittchen.

„Ei, du mein Gott", riefen sie, „was ist das Kind so schön!", und hatten so große Freude, dass sie es nicht aufweckten und schlafen ließen. Der siebente Zwerg aber schlief bei seinen Gesellen, bei jedem eine Stunde, da war die Nacht herum.

Als es Morgen war, erwachte Schneewittchen, und wie es die sieben Zwerge sah, erschrak es sehr.

Sie aber waren freundlich und fragten: „Wie heißt du?"

„Ich heiße Schneewittchen", antwortete es.

„Wie bist du in unser Haus gekommen?", sprachen die Zwerge weiter. Da erzählte es ihnen, dass seine Stiefmutter es hätte umbringen lassen wollen, der Jäger ihm aber das Leben geschenkt hätte, und da wäre es gelaufen den ganzen Tag, bis es endlich ihr Häuslein gefunden hätte.

Die Zwerge sprachen: „Willst du unseren Haushalt versehen, kochen, betten, waschen, nähen und stricken, und willst du alles ordentlich und reinlich halten, so kannst du bei uns bleiben."

„Ja", sagte Schneewittchen, „von Herzen gern!", und blieb bei ihnen. Morgens gingen die sieben Zwerge in die Berge und suchten Erz und Gold, abends kamen sie wieder und da musste ihr Essen bereit sein. Den ganzen Tag über war das Mädchen allein. Da warnten es die guten Zwerglein und sprachen: „Hüte dich vor deiner Stiefmutter, die wird bald wissen, dass du hier bist. Lass ja niemanden herein!"

Die Königin aber dachte, sie wäre wieder die Allerschönste. Eines Tages trat sie vor ihren Spiegel und sprach: „Spieglein, Spieglein an der Wand, wer ist die Schönste im ganzen Land?"

Und der Spiegel antwortete: „Frau Königin, Ihr seid die Schönste hier, aber Schneewittchen über den Bergen bei den sieben Zwergen ist noch tausendmal schöner als Ihr."

Da merkte sie, dass der Jäger sie betrogen hatte und Schneewittchen noch am Leben war. Sie sann aufs Neue, wie sie es umbringen konnte, denn solange sie nicht die Schönste war, ließ ihr der Neid keine Ruhe. Und als sie sich endlich etwas ausgedacht hatte, färbte sie sich das Gesicht und kleidete sich wie eine alte Krämerin, sodass sie ganz unkenntlich ward. Dann ging sie über die sieben Berge zu den sieben Zwergen, klopfte an die Türe und rief: „Schöne Ware feil!"

Schneewittchen guckte zum
Fenster hinaus und rief: „Guten
Tag, liebe Frau! Was habt Ihr zu verkaufen?"
„Gute Ware", antwortete sie, „Schnürriemen von allen
Farben", und holte einen hervor, der aus bunter Seide geflochten war.
„Die ehrliche Frau kann ich hereinlassen", dachte Schneewittchen,
riegelte die Türe auf und kaufte sich den hübschen Schnürriemen.
„Kind", sprach die Alte, „wie du aussiehst! Komm, ich will dich einmal ordentlich schnüren."
Schneewittchen hatte keine Angst, aber die Alte schnürte geschwind
und so fest, dass dem Kind der Atem verging und es wie tot hinfiel.
„Nun bist du die Schönste gewesen", sprach die böse Königin zufrieden und eilte davon.
Nicht lange darauf kamen die sieben Zwerge nach Haus. Aber wie
erschraken sie, als sie ihr liebes Schneewittchen auf der Erde liegen
sahen, und es regte und bewegte sich nicht, als wäre es tot! Sie hoben
es in die Höhe, und weil sie sahen, dass es zu fest geschnürt war,
schnitten sie den Riemen entzwei. Da fing es an, ein wenig zu atmen,
und ward nach und nach wieder lebendig.

Als die Zwerge hörten, was geschehen war, sprachen sie: „Die alte Krämerfrau war niemand anders als die gottlose Königin. Hüte dich, und lass keinen Menschen herein, wenn wir nicht bei dir sind!"

Das böse Weib aber, als es nach Haus gekommen war, ging vor ihren Spiegel und fragte: „Spieglein, Spieglein an der Wand, wer ist die Schönste im ganzen Land?"

Da antwortete er wie sonst: „Frau Königin, Ihr seid die Schönste hier, aber Schneewittchen über den Bergen bei den sieben Zwergen ist noch tausendmal schöner als Ihr."

Als sie das hörte, lief ihr alles Blut zum Herzen, so erschrak sie, denn sie sah wohl, dass Schneewittchen wieder lebendig geworden war.

„Ich will etwas finden, das dich wirklich töten soll", sprach sie bei sich, und mit Hexenkünsten, die sie verstand, machte sie einen giftigen Kamm. Dann verkleidete sie sich und nahm die Gestalt eines anderen alten Weibes an. So ging sie hin über die sieben Berge zu den sieben Zwergen, klopfte an die Türe und rief: „Gute Ware feil!"

Schneewittchen schaute hinaus und sprach: „Geht nur weiter, ich darf niemanden hereinlassen!"

„Ansehen wird dir doch erlaubt sein", sprach die Alte, zog den giftigen Kamm heraus und hielt ihn in die Höhe. Da gefiel er dem Kinde so gut, dass es sich betören ließ und die Türe öffnete.

Und als sie des Kaufs einig waren, sprach die Alte: „Nun will ich dich einmal ordentlich kämmen."

Das arme Schneewittchen dachte nichts Böses und ließ die Alte gewähren, doch kaum hatte die ihm den Kamm in die Haare gesteckt, als das Gift darin wirkte und das Mädchen besinnungslos niederfiel.

„Du Ausbund von Schönheit", sprach das boshafte Weib, „jetzt ist's um dich geschehen", und ging fort.

Zum Glück aber war es bald Abend und die sieben Zwerglein kamen nach Haus. Als sie Schneewittchen wie tot auf der Erde liegen sahen,

hatten sie gleich die Stiefmutter in Verdacht, suchten und fanden den giftigen Kamm. Und kaum hatten sie ihn herausgezogen, so kam Schneewittchen wieder zu sich und erzählte, was vorgegangen war. Da warnten sie es noch einmal, auf der Hut zu sein und niemandem die Türe zu öffnen.

Die böse Königin aber stellte sich daheim erneut vor den Spiegel und sprach: „Spieglein, Spieglein an der Wand, wer ist die Schönste im ganzen Land?"

Da antwortete er wie zuvor: „Frau Königin, Ihr seid die Schönste hier, aber Schneewittchen über den Bergen bei den sieben Zwergen ist noch tausendmal schöner als Ihr."

Als sie den Spiegel so reden hörte, zitterte und bebte sie vor Zorn. „Schneewittchen soll sterben", rief sie, „und wenn es mich mein eigenes Leben kostet!"

Darauf ging sie in eine ganz verborgene, einsame Kammer und machte einen giftigen Apfel. Äußerlich sah er schön aus, weiß mit roten Backen, dass jeder, der ihn erblickte, Lust danach bekam. Aber wer ein Stückchen davon aß, der musste sterben.

Als der Apfel fertig war, färbte sie sich das Gesicht, verkleidete sich wie eine Bauersfrau und ging hin über die sieben Berge zu den sieben Zwergen. Sie klopfte an.

Schneewittchen streckte sogleich den Kopf zum Fenster heraus und sprach: „Ich darf keinen Menschen einlassen, die sieben Zwerge haben es mir verboten!"

„Mir auch recht", antwortete die Bäuerin, „meine Äpfel will ich schon loswerden. Da, einen will ich dir schenken."

„Nein", sprach Schneewittchen, „ich darf nichts annehmen!"

„Fürchtest du dich vor Gift?", sprach die Alte. „Siehst du, da schneide ich den Apfel in zwei Teile. Den roten Backen iss du, den weißen will ich essen."

Der Apfel aber war so gemacht, dass der rote Backen allein vergiftet war. Als Schneewittchen sah, dass die Bäuerin von dem Apfel aß, so konnte es nicht länger widerstehen, streckte die Hand aus und nahm die giftige Hälfte. Kaum aber hatte es einen Bissen davon im Mund, so fiel es tot zur Erde nieder!

Da betrachtete es die Königin mit grausigen Blicken, lachte und sprach: „Weiß wie Schnee, rot wie Blut, schwarz wie Ebenholz! Diesmal können dich die Zwerge nicht wiedererwecken."

Daheim befragte sie den Spiegel: „Spieglein, Spieglein an der Wand, wer ist die Schönste im ganzen Land?"

Und als er antwortete: „Frau Königin, Ihr seid die Schönste im Land", da hatte ihr neidisches Herz endlich Ruhe.

Die Zwerglein aber, wie sie abends nach Haus kamen, fanden Schneewittchen auf der Erde liegen, und es ging kein Atem mehr aus seinem Mund. Sie hoben es auf, suchten, ob sie etwas Giftiges fänden, schnürten es auf, kämmten ihm die Haare, wuschen es mit Wasser und Wein, doch es half alles nichts. Das liebe Kind war tot und blieb tot.

Da legten sie es auf eine Bahre, setzten sich alle sieben daran und beweinten es drei Tage lang. Dann wollten sie es begraben, aber es hatte noch seine schönen roten Backen wie ein lebender Mensch.

Und die Zwerglein sprachen: „Wir können es nicht in die schwarze Erde versenken."

So ließen sie einen Sarg von Glas machen, dass man Schneewittchen von allen Seiten sehen konnte, legten es hinein, schrieben mit goldenen Buchstaben seinen Namen darauf und dass es eine Königstochter sei. Dann setzten sie den Sarg hinaus auf den Berg und einer von ihnen blieb immer dabei und bewachte ihn. Und die Tiere kamen und beweinten Schneewittchen.

Nun lag Schneewittchen lange, lange Zeit in dem Sarg und sah immer noch aus, als wenn es schliefe. Eines Tages aber geschah es, dass ein

Königssohn in den Wald geriet. Er sah auf dem Berg den Sarg und das schöne Schneewittchen darin und las, was mit goldenen Buchstaben darauf geschrieben war.

Da sprach er zu den Zwergen: „Lasst mir den Sarg, ich will euch geben, was ihr dafür haben wollt."

Aber die Zwerge antworteten: „Wir geben ihn nicht her, nicht für alles Gold in der Welt."

Da sprach er: „So schenkt ihn mir, denn ich kann nicht mehr leben, ohne Schneewittchen zu sehen, ich will es ehren und hoch achten wie mein Liebstes."

Und wie er so sprach, empfanden die guten Zwerglein Mitleid mit ihm. Sie gaben ihm den Sarg und der Königssohn ließ ihn nun von seinen Dienern auf den Schultern forttragen.

Da geschah es, dass einer stolperte, und von der Erschütterung fuhr das giftige Apfelstückchen aus Schneewittchens Hals heraus.

Und nicht lange, so öffnete es die Augen, hob den Deckel vom Sarg, richtete sich auf und war wieder lebendig.

„Ach Gott, wo bin ich?", rief es.

Da sagte der Königssohn voller Freude: „Du bist bei mir." Er erzählte, was sich zugetragen hatte, und sprach: „Ich habe dich lieber als alles auf der Welt. Komm mit mir in meines Vaters Schloss, du sollst meine Gemahlin werden."

Da war ihm Schneewittchen gut und ging mit ihm und ihre Hochzeit ward mit großer Pracht und Herrlichkeit gefeiert.

Zu dem Feste aber wurde auch Schneewittchens böse Stiefmutter eingeladen. Wie sie sich nun mit schönen Kleidern angetan hatte, trat sie vor den Spiegel und sprach: „Spieglein, Spieglein an der Wand, wer ist die Schönste im ganzen Land?"

Da antwortete der Spiegel: „Frau Königin, Ihr seid die Schönste hier, aber die junge Königin ist noch tausendmal schöner als Ihr."

Das böse Weib wollte zuerst nicht auf die Hochzeit gehen, doch ließ es ihr keine Ruhe, sie musste die junge Königin sehen. Und wie sie eintrat und Schneewittchen erkannte, stand sie starr vor Angst und Schrecken. Da wurden rot glühende, eiserne Pantoffeln mit Zangen hereingetragen und vor sie hingestellt, und die böse Königin musste in die Schuhe treten und so lange tanzen, bis sie tot zur Erde fiel.

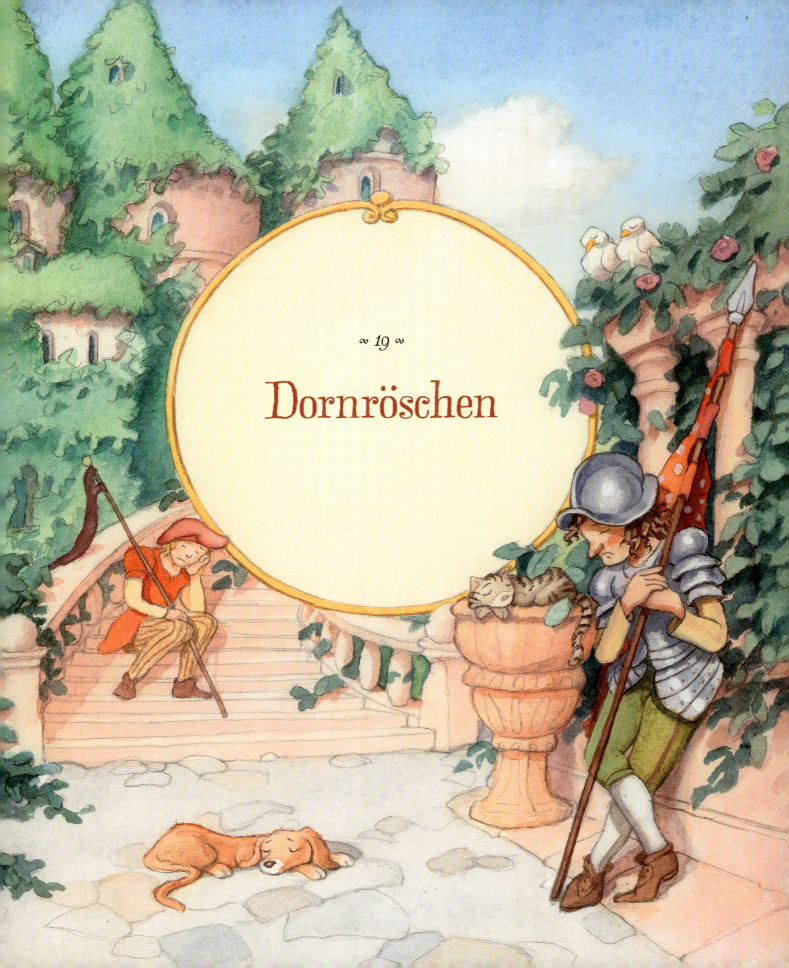

~ 20 ~

Vorzeiten waren ein König und eine Königin, die sprachen jeden Tag: „Ach, wenn wir doch ein Kind hätten", aber sie bekamen keins. Da trug es sich zu, als die Königin einmal im Bade saß, dass ein Frosch aus dem Wasser ans Land kroch und zu ihr sprach: „Dein Wunsch wird erfüllt werden. Ehe ein Jahr vergeht, wirst du eine Tochter zur Welt bringen."

Was der Frosch gesagt hatte, das geschah, und die Königin gebar ein Mädchen, das war so schön, dass der König vor Freude ein großes Fest anstellte. Er lud nicht bloß seine Verwandten, Freunde und Bekannten, sondern auch die weisen Frauen dazu ein, damit sie dem Kinde hold und gewogen wären. Es waren ihrer dreizehn in seinem Reiche, weil er aber nur zwölf goldene Teller hatte, von welchen sie essen sollten, so musste eine von ihnen daheimbleiben.

Das Fest ward mit aller Pracht gefeiert, und als es zu Ende war, beschenkten die weisen Frauen das Kind mit ihren Wundergaben: die eine mit Tugend, die andere mit Schönheit, die dritte mit Reichtum und so mit allem, was auf der Welt zu wünschen ist. Als aber elfe ihre Sprüche eben getan hatten, trat plötzlich die dreizehnte herein. Sie wollte sich dafür rächen, dass sie nicht eingeladen worden war,

und ohne jemand zu grüßen oder nur anzusehen, rief sie mit lauter Stimme: „Die Königstochter soll sich in ihrem fünfzehnten Jahr an einer Spindel stechen und tot hinfallen." Dann kehrte sie sich um und verließ den Saal.

Alle waren erschrocken, doch die Zwölfte, die hatte ihren Wunsch noch übrig, und weil sie den bösen Spruch nicht aufheben, sondern nur mildern konnte, so sagte sie: „Es soll kein Tod sein, sondern ein hundertjähriger tiefer Schlaf, in welchen die Königstochter fällt."

Der König aber, der sein liebes Kind vor dem Unglück bewahren wollte, ließ den Befehl ausgehen, dass alle Spindeln im ganzen Königreiche verbrannt werden sollten.

An dem Mädchen wurden die Gaben der weisen Frauen bald sämtlich erfüllt, denn es war so schön, sittsam, freundlich und verständig, dass es jedermann, der es ansah, lieb haben musste. Es geschah schließlich, dass an dem Tage, an welchem es gerade fünfzehn Jahre alt ward, der König und die Königin nicht zu Haus waren und das Mädchen ganz allein im Schloss zurückblieb. Da ging es allerorten herum, besah Stuben und Kammern, wie es Lust hatte, und kam endlich auch an einen alten Turm. Es stieg die enge Wendeltreppe hinauf und gelangte zu einer kleinen Türe. In dem Schloss steckte ein verrosteter Schlüssel, und als es ihn umdrehte, sprang die Türe auf. In einem kleinen Stübchen saß eine alte Frau mit einer Spindel und spann emsig ihren Flachs.

„Guten Tag, altes Mütterchen", sprach die Königstochter, „sag, was machst du da?"

„Ich spinne", antwortete die Alte und nickte mit dem Kopf.

„Und was ist das für ein Ding, das so lustig herumspringt?", sprach das Mädchen, nahm die Spindel und wollte auch spinnen. Doch kaum hatte es die Spindel angerührt, so ging der Zauberspruch in Erfüllung! Die Königstochter stach sich damit in den Finger und im selben Augenblick sank sie auf das Bett nieder und fiel in einen tiefen Schlaf.

Dieser Schlaf verbreitete sich über das ganze Schloss: Der König und die Königin, die eben heimgekommen und in den Saal getreten waren, schliefen ein und der ganze Hofstaat mit ihnen, auch die Pferde im Stall, die Hunde im Hofe, die Tauben auf dem Dache, die Fliegen an der Wand, ja, das Feuer, das auf dem Herd flackerte, ward still und schlief ein, der Braten hörte auf zu brutzeln, und der Koch, der den Küchenjungen gerade an den Haaren ziehen wollte, ließ ihn los und schlief. Selbst der Wind legte sich und auf den Bäumen vor dem Schloss regte sich kein Blättchen mehr.

Rings um das Schloss aber begann eine Dornenhecke zu wachsen, die jedes Jahr höher wurde und endlich das ganze Schloss umzog und darüber hinaus, dass gar nichts mehr davon zu sehen war, selbst nicht die Fahne auf dem Dach.

Es ging aber die Sage in dem Lande um von dem schönen schlafenden Dornröschen, denn so ward die Königstochter genannt, sodass von Zeit zu Zeit Königssöhne kamen und durch die Hecke in das Schloss

dringen wollten. Es war ihnen aber nicht möglich, denn die Dornen, als hätten sie Hände, hielten fest zusammen und die Jünglinge blieben darin hängen, konnten sich nicht wieder losmachen und starben eines jämmerlichen Todes.

Nach langen, langen Jahren kam wieder einmal ein Königssohn in das Land und hörte, wie ein alter Mann von der Dornenhecke erzählte. Es sollte ein Schloss dahinter stehen, in welchem eine wunderschöne Königstochter, Dornröschen genannt, schon seit hundert Jahren schliefe und mit ihr der König und die Königin und der ganze Hofstaat. Er wusste auch von seinem Großvater, dass schon viele Königssöhne gekommen wären und versucht hätten, durch die Dornenhecke zu dringen, aber sie wären darin hängen geblieben und eines traurigen Todes gestorben.

Da sprach der Jüngling: „Ich fürchte mich nicht, ich will hinaus und das schöne Dornröschen sehen." Der gute Alte mochte ihm abraten, wie er wollte, er hörte nicht auf seine Worte.

Nun waren aber gerade die hundert Jahre verflossen, und der Tag war gekommen, an dem Dornröschen erwachen sollte. Als der Königssohn sich der Dornenhecke näherte, waren es lauter schöne Blumen, die taten sich von selbst auseinander, ließen ihn unbeschädigt hindurch und hinter ihm taten sie sich wieder zu einer Hecke zusammen.

Im Schlosshof sah er die Pferde und scheckigen Jagdhunde liegen und schlafen, auf dem Dache saßen die Tauben und hatten die Köpfchen unter die Flügel gesteckt. Und als er ins Haus kam, schliefen die Fliegen an der Wand, der Koch in der Küche hielt noch die Hand, als wollte er den Jungen packen, und die Magd saß vor dem schwarzen Huhn, das gerupft werden sollte. Da ging der Königssohn weiter und sah im Saale den ganzen Hofstaat liegen und schlafen und oben bei dem Throne lagen der König und die Königin. Da ging er noch weiter, und alles war so still, dass einer seinen Atem hören konnte.

Endlich aber kam er zu dem Turm und öffnete die Türe zu der kleinen Stube, in welcher Dornröschen schlief. Und da lag es und war so schön, dass er die Augen nicht abwenden konnte. Er bückte sich und gab ihm einen Kuss, und wie er es mit dem Kuss berührt hatte, schlug Dornröschen die Augen auf, erwachte und blickte ihn freundlich an. Da gingen sie zusammen herab und der König erwachte und die Königin und der ganze Hofstaat und alle sahen einander mit großen Augen an. Und die Pferde im Hof standen auf und rüttelten sich, die Jagdhunde sprangen und wedelten, die Tauben auf dem Dache zogen das Köpfchen unterm Flügel hervor, sahen umher und flogen ins Feld, die Fliegen an den Wänden krochen weiter, das Feuer in der Küche erhob sich, flackerte und kochte das Essen. Der Braten fing wieder an zu brutzeln, der Koch gab dem Jungen eine Ohrfeige, dass er schrie, und die Magd rupfte das Huhn fertig. Und da wurde die Hochzeit des Königssohns mit Dornröschen in aller Pracht gefeiert und sie lebten vergnügt bis an ihr Ende.

~ 25 ~

Das tapfere Schneiderlein

An einem Sommermorgen saß ein Schneiderlein auf seinem Tisch am Fenster und nähte aus Leibeskräften. Da kam eine Bauersfrau die Straße herab und rief: „Gut Mus feil! Gut Mus feil!"

Das klang dem Schneiderlein lieblich in den Ohren, er steckte sein zartes Haupt zum Fenster hinaus und rief: „Hier herauf, liebe Frau, hier wirst du deine Ware los!"

Die Frau stieg die Treppen mit ihrem schweren Korb zu dem Schneider herauf und musste alle Töpfe vor ihm auspacken. Er besah sie, hob sie in die Höhe, hielt die Nase dran und sagte endlich: „Das Mus scheint mir gut, wiege mir vier Lot ab, liebe Frau, wenn's auch ein Viertelpfund ist, kommt es mir nicht darauf an."

Die Frau gab ihm, was er verlangte.

„Nun, das Mus soll mir Kraft und Stärke geben!", rief das Schneiderlein und holte Brot aus dem Schrank, schnitt ein Stück ab und strich das Mus darauf.

„Das wird nicht bitter schmecken", sprach der Schneider, „aber erst will ich das Wams fertig machen."

Er legte das Brot neben sich, nähte weiter und machte vor Freude immer größere Stiche. Indes stieg der Geruch von dem süßen Mus hinauf an die Wand, wo die Fliegen in großer Menge saßen, sodass sie angelockt wurden und sich scharenweise darauf niederließen.

„Ei, wer hat euch eingeladen?", sprach das Schneiderlein da und jagte die ungebetenen Gäste fort.

Die Fliegen aber ließen sich nicht abweisen, sondern kamen in immer größerer Gesellschaft wieder. Da langte das Schneiderlein nach einem Lappen und „Wart, ich will es euch geben!" schlug unbarmherzig drauf. Als es zählte, so lagen nicht weniger als sieben Fliegen vor ihm tot und streckten die Beine.

„Bist du so ein Kerl?", sprach das Schneiderlein und musste selbst seine Tapferkeit bewundern. „Das soll die ganze Stadt erfahren."

Und in der Hast nähte sich das Schneiderlein einen Gürtel und stickte mit großen Buchstaben darauf: „Sieben auf einen Streich!"

„Ei was, Stadt!", sprach das Schneiderlein weiter. „Die ganze Welt soll davon erfahren!" Und sein Herz wackelte ihm vor Freude wie ein Lämmerschwänzchen.

Der Schneider band sich den Gürtel um den Leib und wollte in die Welt hinaus, weil er meinte, die Werkstätte sei zu klein für seine Tapferkeit. Eh er abzog, suchte er im Haus herum, ob etwas da wäre, was er mitnehmen könnte. Er fand aber nichts als einen alten Käse, den steckte er ein. Vor dem Tore bemerkte er einen Vogel, der sich im Gesträuch gefangen hatte, der musste zu dem Käse in die Tasche.

Nun nahm er den Weg tapfer zwischen die Beine, und weil er leicht und behände war, fühlte er keine Müdigkeit. Der Weg führte ihn auf einen Berg, und als er den höchsten Gipfel erreicht hatte, so saß da ein gewaltiger Riese und schaute sich ganz gemächlich um.

Das Schneiderlein ging beherzt auf ihn zu und sprach: „Guten Tag, Kamerad, gelt, du sitzt da und besiehst dir die weitläufige Welt? Ich bin eben auf dem Weg dahin. Hast du Lust, mitzugehen?"

Der Riese sah den Schneider verächtlich an und sprach: „Du Lump! Du miserabler Kerl!"

Da knöpfte das Schneiderlein den Rock auf und zeigte dem Riesen den Gürtel: „Da kannst du lesen, was ich für ein Mann bin."

Der Riese las: „Sieben auf einen Streich!", meinte, das wären Menschen gewesen, die der Schneider erschlagen hätte, und bekam ein wenig Respekt vor dem kleinen Kerl. Doch wollte er ihn erst prüfen, nahm einen Stein in die Hand und drückte ihn zusammen, dass das Wasser heraustropfte.

„Das mach mir nach", sprach der Riese, „wenn du Stärke hast."

„Ist's weiter nichts?", sagte das Schneiderlein, griff in die Tasche, holte den weichen Käse heraus und drückte ihn, dass der Saft herauslief.

Der Riese wusste nicht, was er sagen sollte, und konnte es von dem Männlein nicht glauben. Da hob er einen Stein auf und warf ihn so hoch, dass man ihn mit den Augen kaum noch sehen konnte, und sagte: „Nun, du Erpelmännchen, das tu mir nach."

„Gut geworfen", antwortete der Schneider, „aber der Stein hat doch wieder zur Erde herabfallen müssen. Ich will dir einen werfen, der soll gar nicht zurückkommen!" Er griff in die Tasche, nahm den Vogel und warf ihn in die Luft. Der Vogel, froh über seine Freiheit, stieg auf, flog fort und kam nicht wieder.

„Wie gefällt dir das, Kamerad?", fragte der Schneider.

„Werfen kannst du wohl", sagte der Riese, „aber nun wollen wir sehen, ob du auch imstande bist, etwas Ordentliches zu tragen."

Er führte das Schneiderlein zu einem mächtigen Eichbaum, der da gefällt auf dem Boden lag, und sagte: „Wenn du stark genug bist, so hilf mir, den Baum aus dem Wald herauszutragen."

„Gern", antwortete der kleine Mann, „nimm du nur den Stamm auf deine Schulter, ich will die Äste mit dem Gezweig aufheben und tragen, das ist doch das Schwerste."

Der Riese nahm den Stamm auf die Schulter, der Schneider aber setzte sich auf einen Ast, und der Riese, der sich nicht umsehen konnte, musste den ganzen Baum und das Schneiderlein noch obendrein forttragen. Nachdem er die schwere Last aber ein Stück Wegs fortgeschleppt hatte, konnte er nicht weiter und rief: „Hör, ich muss den Baum fallen lassen!"

Der Schneider sprang flink herab, fasste den Baum mit beiden Armen, als wenn er ihn getragen hätte, und sprach zum Riesen: „Du bist ein so großer Kerl und kannst den Baum nicht einmal tragen?"

Sie gingen zusammen weiter, und als sie an einem Kirschbaum vorbeikamen, fasste der Riese die Krone des Baumes, wo die zeitigsten Früchte hingen, bog sie herab, gab sie dem Schneider in die Hand und hieß ihn essen. Das Schneiderlein aber war viel zu schwach, um den Baum zu halten, und als der Riese losließ, fuhr die Baumkrone in die Höhe, und der Schneider ward mit in die Luft geschnellt. Als er wieder ohne Schaden herabgefallen war, sprach der Riese: „Was ist, hast du nicht die Kraft, diese schwache Gerte zu halten?"

„An der Kraft fehlt es nicht", antwortete das Schneiderlein, „meinst du, das wäre etwas für einen, der sieben mit einem Streich getroffen hat? Ich bin über den Baum gesprungen, weil die Jäger da unten in das Gebüsch schießen. Spring nach, wenn du's vermagst."

Der Riese machte den Versuch, konnte aber nicht über den Baum kommen, sondern blieb in den Ästen hängen, sodass das Schneiderlein auch hier die Oberhand behielt.

Der Riese sprach: „Wenn du ein so tapferer Kerl bist, so komm mit in unsere Höhle und übernachte bei uns."

Das Schneiderlein war bereit und folgte ihm. Als sie in der Höhle anlangten, saßen da noch andere Riesen beim Feuer, und jeder hatte ein gebratenes Schaf in der Hand und aß davon. Der Riese wies ihm ein Bett zu und sagte, er solle sich hineinlegen und ausschlafen. Dem Schneiderlein war jedoch das Bett zu groß, es legte sich nicht hinein, sondern kroch in eine Ecke. Als es aber Mitternacht war und der Riese meinte, das Schneiderlein läge in tiefem Schlafe, da nahm er eine große Eisenstange, schlug das Bett mit einem Schlag durch und meinte, er hätte dem Grashüpfer den Garaus gemacht! Mit dem frühsten Morgen gingen die Riesen in den Wald und hatten das Schneiderlein vollkommen vergessen, da kam es auf einmal ganz lustig und verwegen dahergeschritten. Da erschraken die Riesen, fürchteten, es schlüge sie alle tot, und liefen fort.

Das Schneiderlein aber zog weiter, immer seiner spitzen Nase nach. Nachdem es lange gewandert war, kam es in den Hof eines königlichen Palastes, und da es Müdigkeit empfand, so legte es sich ins Gras und schlief ein. Während es dalag, kamen die Leute, betrachteten es von allen Seiten und lasen auf dem Gürtel: „Sieben auf einen Streich!"

„Ach", sprachen sie, „was will der große Kriegsheld hier? Das muss ein mächtiger Herr sein."

Sie gingen und meldeten es dem König und meinten, wenn Krieg ausbrechen sollte, wäre das ein wichtiger und nützlicher Mann. Der König schickte einen von seinen Hofleuten an das Schneiderlein ab, der sollte ihm, wenn es aufgewacht wäre, Kriegsdienste anbieten. Der Abgesandte blieb bei dem Schläfer stehen, wartete, bis der seine Glieder streckte und die Augen aufschlug, und brachte dann seinen Antrag vor. „Eben deshalb bin ich hierhergekommen", antwortete das Schneiderlein, „ich bin bereit, in des Königs Dienste zu treten."

Also ward der Schneider ehrenvoll empfangen und ihm eine besondere Wohnung angewiesen. Die Kriegsleute aber wünschten sich bald, er wäre tausend Meilen weit weg.

„Was soll daraus werden", sprachen sie untereinander, „wenn wir Zank mit ihm kriegen und er haut zu, so fallen auf jeden Streich gleich sieben! Da kann unsereiner nicht bestehen."

So begaben sie sich allesamt zum König und baten um ihren Abschied. „Wir sind nicht gemacht", sprachen sie, „es neben einem Mann auszuhalten, der sieben auf einen Streich schlägt."

Der König war traurig, dass er um des Einen willen alle seine treuen Diener verlieren sollte, und wäre ihn gern wieder los gewesen. Aber er getraute sich nicht, ihm den Abschied zu geben, weil er fürchtete, er könnte ihn samt seinem Volke totschlagen und sich auf den königlichen Thron setzen.

Er sann lange hin und her und endlich fand er einen Rat. Er schickte nach dem Schneiderlein und ließ ihm sagen, weil er ein so großer Kriegsheld wäre, wollte er ihm ein Anerbieten machen. In einem Walde seines Landes hausten zwei Riesen, die mit Rauben, Morden, Sengen und Brennen großen Schaden stifteten, niemand konnte sich ihnen nähern, ohne sich in Lebensgefahr zu bringen. Wenn er diese

beiden Riesen überwände und tötete, so wollte er ihm seine einzige Tochter zur Gemahlin geben und das halbe Königreich dazu; auch sollten hundert Reiter mitziehen und ihm Beistand leisten.

„Das wäre etwas für einen Mann, wie du bist", dachte das Schneiderlein, „eine schöne Königstochter und ein halbes Königreich werden einem nicht alle Tage angeboten."

„Oh ja", gab es also zur Antwort, „wer sieben auf einen Streich schlägt, der braucht sich vor zweien nicht zu fürchten."

Das Schneiderlein zog aus und die hundert Reiter folgten ihm. Als es zu dem Rand des Waldes kam, sprach es zu seinen Begleitern: „Bleibt ihr nur hier, ich will schon allein mit den Riesen fertig werden."

Dann sprang es in den Wald hinein und schaute sich rechts und links um. Über ein Weilchen erblickte es die beiden Riesen: Sie lagen unter einem Baume und schliefen und schnarchten dabei, dass sich die Äste auf und nieder bogen.

Das Schneiderlein, nicht faul, sammelte beide Taschen voller Steine und stieg damit auf den Baum, bis es auf einem Ast gerade über den Schläfern zu sitzen kam. Dann ließ es dem einen Riesen einen Stein nach dem anderen auf die Brust fallen.

Der Riese spürte lange nichts, doch endlich wachte er auf, stieß seinen Gesellen an und sprach: „Was schlägst du mich?"

„Du träumst", sagte der andere, „ich schlage dich nicht."

Sie legten sich wieder zum Schlaf, da warf der Schneider auf den zweiten Riesen einen Stein herab.

„Was soll das?", rief der. „Warum bewirfst du mich?"

„Ich bewerfe dich nicht", antwortete der erste Riese und brummte.

Sie zankten sich eine Weile herum, doch weil sie müde waren, ließen sie's gut sein, und die Augen fielen ihnen wieder zu. Da fing das Schneiderlein sein Spiel von Neuem an, suchte den dicksten Stein aus und warf ihn dem ersten Riesen mit aller Gewalt auf die Brust.

„Das ist zu arg!", schrie der, sprang wie ein Unsinniger auf und stieß seinen Gesellen gegen den Baum, dass dieser erzitterte. Der andere zahlte es ihm mit gleicher Münze heim, und sie gerieten in solche Wut, dass sie Bäume ausrissen und so lange aufeinander losschlugen, bis sie endlich beide zugleich tot auf die Erde fielen. Nun sprang das Schneiderlein herab, zog sein Schwert und versetzte jedem ein paar tüchtige Hiebe in die Brust.

Dann ging es hinaus zu den Reitern und sprach: „Die Arbeit ist getan, ich habe beiden den Garaus gemacht. Aber hart ist es dabei hergegangen, sie haben in der Not Bäume ausgerissen und sich gewehrt, doch das hilft alles nichts, wenn einer kommt wie ich, der sieben auf einen Streich schlagen kann."

„Seid Ihr denn nicht verwundet?", fragten die Reiter.

„Kein Haar haben sie mir gekrümmt", antwortete der Schneider.

Die Reiter wollten ihm keinen Glauben schenken und ritten in den Wald hinein. Da fanden sie die Riesen in ihrem Blute liegend und ringsherum die ausgerissenen Bäume.

Das Schneiderlein verlangte von dem König die versprochene Belohnung, den aber reute sein Versprechen, und er sann aufs Neue, wie er sich den Helden vom Halse schaffen könnte.

„Ehe du meine Tochter und das halbe Reich erhältst", sprach er, „musst du noch eine Heldentat vollbringen. In dem Walde läuft ein Einhorn, das großen Schaden anrichtet. Das musst du erst einfangen."

„Vor einem Einhorn fürchte ich mich noch weniger als vor zwei Riesen", sprach das Schneiderlein zum König.

Es nahm sich einen Strick und eine Axt, ging hinaus in den Wald und hieß abermals die, welche ihn begleiten sollten, warten. Er brauchte auch gar nicht lange zu suchen: Das Einhorn kam bald daher und sprang geradezu auf den Schneider los, als wollte es ihn ohne Umstände aufspießen.

„Sachte, sachte", sprach der Schneider da, „so geschwind geht das nicht", blieb stehen und wartete, bis das Tier ganz nahe war, dann sprang er behände hinter einen Baum. Das Einhorn aber rannte mit aller Kraft gegen den Baum und spießte sein Horn so fest in den Stamm, dass es nicht Kraft genug hatte, es wieder herauszuziehen, und so war es gefangen.

„Jetzt hab ich das Vöglein", sagte der Schneider, kam hinter dem Baum hervor und legte dem Einhorn den Strick um den Hals. Dann hieb er mit der Axt das Horn aus dem Baum, und als alles in Ordnung war, führte er das Tier ab und brachte es dem König.

Doch der König wollte ihm den verheißenen Lohn noch immer nicht gewähren und machte eine dritte Forderung. Der Schneider sollte ihm vor der Hochzeit erst ein Wildschwein fangen, das in dem Wald großen Schaden tat; die Jäger sollten ihm Beistand leisten.

„Gern", sprach der Schneider, „das ist ein Kinderspiel für mich."

Die Jäger nahm er nicht mit in den Wald, und sie waren's wohl zufrieden, denn das Wildschwein hatte sie schon mehrmals so empfangen, dass sie keine Lust hatten, ihm nachzustellen. Als das Schwein den Schneider erblickte, lief es mit schäumendem Munde und wetzenden Zähnen auf ihn zu und wollte ihn zur Erde werfen. Der flüchtige Held aber sprang in eine Kapelle, die in der Nähe war, und in einem Satze gleich oben zum Fenster wieder hinaus. Das Schwein war hinter ihm hergelaufen, er aber hüpfte außen herum und schlug die Tür hinter ihm zu. Da war das wütende Tier gefangen, und es war viel zu schwer und unbeholfen, um wie der Schneider zum Fenster hinauszuspringen.

Da rief das Schneiderlein die Jäger herbei, die sollten den Gefangenen mit eigenen Augen sehen. Der Held aber begab sich zum Könige, der nun, er mochte wollen oder nicht, sein Versprechen halten und ihm seine Tochter und das halbe Königreich übergeben musste.

Hätte er gewusst, dass kein Kriegsheld, sondern ein Schneiderlein vor ihm stand, es wäre ihm noch mehr zu Herzen gegangen! Die Hochzeit ward also mit großer Pracht und kleiner Freude gehalten und aus einem Schneider ein König gemacht.

Nach einiger Zeit hörte die junge Königin in der Nacht, wie ihr Gemahl im Traume sprach: „Junge, mach mir das Wams und flick mir die Hosen oder ich will dir die Elle über die Ohren schlagen."

Da merkte sie, in welcher Gasse der junge Herr geboren war, klagte am anderen Morgen ihrem Vater ihr Leid und bat, er möchte ihr von dem Manne helfen, der nichts anderes sei als ein Schneider.

Der König sprach ihr Trost zu und sagte: „Lass in der nächsten Nacht deine Schlafkammer offen, meine Diener sollen außen stehen und, wenn er eingeschlafen ist, hineingehen, ihn binden und auf ein Schiff tragen, das ihn in die weite Welt führt."

Die Frau war damit zufrieden, des Königs Waffenträger aber, der alles mit angehört hatte, war dem jungen Herrn gewogen und erzählte ihm von dem Anschlag. Abends legte sich der Schneider zu gewöhnlicher Zeit mit seiner Frau zu Bett. Als sie glaubte, er sei eingeschlafen, stand sie auf, öffnete die Tür und legte sich wieder hin.

Das Schneiderlein aber, das sich nur stellte, als wenn es schliefe, fing an, mit heller Stimme zu rufen: „Junge, mach mir das Wams und flick mir die Hosen oder ich will dir die Elle über die Ohren schlagen! Ich habe sieben mit einem Streich getroffen, zwei Riesen getötet, ein Einhorn fortgeführt und ein Wildschwein gefangen. Sollte ich mich da etwa vor denen fürchten, die draußen vor der Kammer stehen und mir Böses wollen?"

Als die Diener den Schneider so sprechen hörten, überkam sie eine große Furcht. Sie liefen, als wenn das wilde Heer hinter ihnen wäre, und keiner wollte sich mehr an ihn wagen. Also war und blieb das kluge Schneiderlein sein Lebtag ein König.

Es war einmal ein König, der hatte zwölf Töchter, eine immer schöner als die andere. Sie schliefen zusammen in einem Saal, wo ihre Betten nebeneinanderstanden, und abends, wenn sie darin lagen, schloss der König die Türe zu und verriegelte sie. Wenn er aber am anderen Morgen die Türe wieder aufschloss, so sah er, dass ihre Schuhe zertanzt waren, und niemand wusste, wie das zugegangen war.
Da ließ der König im ganzen Land ausrufen, wer herausfinden könnte, wo seine Töchter in der Nacht tanzten, der sollte sich eine davon zur Frau wählen und nach seinem Tod König sein. Wer sich aber meldete und es nach drei Tagen und Nächten nicht herausbrächte, der hätte sein Leben verwirkt.
Nicht lange, so meldete sich ein Königssohn. Er ward wohl aufgenommen und abends in ein Zimmer geführt, das an den Schlafsaal stieß. Sein Bett war dort aufgeschlagen, und er sollte achthaben, wo sie hingingen und tanzten. Und damit sie nichts heimlich treiben konnten oder zu einem anderen Ort hinausgingen, war auch die Saaltüre offen gelassen. Dem Königssohn fiel es aber wie Blei auf die Augen und er schlief ein, und als er am Morgen aufwachte, waren alle zwölfe zum Tanz gewesen, denn ihre Schuhe standen da und hatten Löcher in den Sohlen. Den zweiten und dritten Abend ging's nicht anders und da ward ihm das Haupt ohne Barmherzigkeit abgeschlagen. Es kamen hernach noch viele und meldeten sich, sie alle aber mussten ihr Leben lassen, denn keiner brachte es heraus.
Nun trug es sich zu, dass ein armer Soldat, der eine Wunde hatte und nicht mehr dienen konnte, sich auf dem Weg nach der Stadt befand, in der der König wohnte. Da begegnete ihm eine alte Frau, die fragte ihn, wohin er wollte.
„Ich weiß selbst nicht recht", sprach er und setzte im Scherz hinzu: „Ich hätte wohl Lust, ausfindig zu machen, wo die Königstöchter ihre Schuhe vertanzen, und danach König zu werden."

„Das ist so schwer nicht", sagte die Alte. „Du darfst den Wein nicht trinken, der dir abends gebracht wird, und musst so tun, als wärst du fest eingeschlafen." Darauf gab sie ihm ein Mäntelchen und sprach: „Wenn du das umhängst, so bist du unsichtbar und kannst den zwölfen heimlich nachschleichen."

Wie der Soldat den guten Rat bekommen hatte, ging er vor den König. Er ward so gut aufgenommen wie die anderen auch und es wurden ihm königliche Kleider angetan. Abends ward er in das Vorzimmer geführt, und als er zu Bette gehen wollte, kam die älteste Königstochter und brachte ihm einen Becher Wein. Aber er hatte sich einen Schwamm unter das Kinn gebunden, ließ den Wein da hineinlaufen und trank keinen Tropfen. Dann legte er sich nieder, und als er ein Weilchen gelegen hatte, fing er an zu schnarchen wie im tiefsten Schlaf. Das hörten die zwölf Königstöchter, lachten und die älteste sprach: „Der hätte auch sein Leben sparen können." Danach standen sie auf, öffneten Schränke, Kisten und Kasten und holten prächtige Kleider heraus. Sie putzten sich vor den Spiegeln, sprangen herum und freuten sich auf den Tanz. Nur die Jüngste sagte: „Ich weiß nicht, mir ist so wunderlich zumute. Gewiss widerfährt uns ein Unglück."

„Du bist eine Schneegans", sagte die Älteste, „die sich immer fürchtet. Hast du vergessen, wie viele Königssöhne schon umsonst da gewesen sind? Dem Soldaten hätte ich nicht einmal einen Schlaftrunk geben müssen, der Lümmel wäre doch nicht aufgewacht."

Wie sie alle fertig waren, sahen sie erst nach dem Soldaten, aber der hatte die Augen zugetan, rührte und regte sich nicht, und sie glaubten, nun ganz sicher zu sein. Da ging die Älteste an ihr Bett und klopfte daran. Alsbald sank es in die Erde und sie stiegen durch die Öffnung hinab, eine nach der anderen, die Älteste voran. Der Soldat, der alles mit angesehen hatte, zauderte nicht lange, hing sein Mäntelchen um und stieg hinter der Jüngsten her.

Mitten auf der Treppe trat er ihr ein wenig aufs Kleid, da erschrak sie und rief: „Was ist das? Wer hält mich am Kleid?"

„Sei nicht so einfältig", sagte die Älteste, „du bist nur an einem Haken hängen geblieben."

Da gingen sie vollends hinab, und wie sie unten waren, standen sie in einem Gang mit prächtigen Bäumen, da waren alle Blätter von Silber und schimmerten und glänzten. Der Soldat dachte: „Du willst dir ein Wahrzeichen mitnehmen", und brach einen Zweig davon ab. Da fuhr ein gewaltiger Krach aus dem Baume.

Die Jüngste rief: „Habt ihr den Knall gehört?"

Die Älteste aber sprach: „Das sind bloß Freudenschüsse, weil wir unsere Prinzen bald erlöst haben."

Sie kamen darauf in einen Gang, wo alle Blätter aus Gold, und endlich in einen dritten, wo sie klarer Diamant waren. Von beiden brach der Soldat einen Zweig ab, wobei es jedes Mal krachte, dass die Jüngste vor Schrecken zusammenfuhr. Aber die älteste Schwester blieb dabei, es wären Freudenschüsse.

Sie gingen weiter und kamen zu einem großen Wasser, darauf standen zwölf Schifflein, und in jedem Schifflein saß ein schöner Prinz, die hatten auf die zwölfe gewartet und jeder nahm eine zu sich. Der Soldat aber setzte sich zu der Jüngsten.
Da sprach der Prinz: „Ich weiß nicht. Das Schiff ist heute viel schwerer, und ich muss aus allen Kräften rudern, wenn ich es fortbringen will."
Jenseits des Wassers aber stand ein schönes hell erleuchtetes Schloss, woraus eine lustige Musik erschallte von Pauken und Trompeten. Sie ruderten hinüber, traten ein und jeder Prinz tanzte mit seiner Liebsten. Der Soldat aber tanzte unsichtbar mit, und wenn eine einen Becher mit Wein hielt, so trank er ihn aus, dass er leer war, wenn sie ihn an den Mund brachte. Der Jüngsten ward auch angst darüber, aber die Älteste brachte sie immer zum Schweigen.

Sie tanzten bis drei Uhr am anderen Morgen, bis alle Schuhe durchgetanzt waren und sie aufhören mussten. Da fuhren die Prinzen sie über das Wasser zurück. Der Soldat aber setzte sich diesmal vorn hin zur Ältesten. Am Ufer nahmen sie von ihren Prinzen Abschied und versprachen, in der folgenden Nacht wiederzukommen. Als sie an der Treppe waren, lief der Soldat voraus, legte sich in sein Bett, und als die zwölf langsam und müde heraufgetrippelt kamen, schnarchte er schon wieder so laut, dass sie's alle hören konnten. Da taten sie ihre schönen Kleider aus, brachten sie weg, stellten die zertanzten Schuhe unter das Bett und legten sich nieder.

Am anderen Morgen wollte der Soldat nichts sagen, sondern das wunderliche Wesen noch einmal mit ansehen und ging die zweite und die dritte Nacht wieder mit. Da war alles wie das erste Mal, und sie tanzten, bis die Schuhe entzwei waren. Das dritte Mal aber nahm er zum Wahrzeichen einen Becher mit.

Als die Stunde gekommen war, in der er antworten sollte, steckte er die drei Zweige und den Becher zu sich und ging zum König. Die zwölfe aber standen hinter der Türe und horchten, was er sagen würde. Als der König die Frage tat: „Wo haben meine zwölf Töchter ihre Schuhe in der Nacht vertanzt?", so antwortete er: „Mit zwölf Prinzen in einem unterirdischen Schloss", berichtete, wie es zugegangen war, und holte die Wahrzeichen hervor.

Da ließ der König seine Töchter kommen und fragte sie, ob der Soldat die Wahrheit gesagt hätte, und da sie sahen, dass sie verraten waren, mussten sie alles eingestehen. Darauf fragte ihn der König, welche er zur Frau haben wollte. Und der Soldat antwortete: „Ich bin nicht mehr jung, so gebt mir die Älteste."

Noch am selben Tage ward die Hochzeit gehalten. Die Prinzen aber wurden auf so viele Tage wieder verwünscht, als sie Nächte mit den zwölfen getanzt hatten.

Hänsel und Gretel

~ 45 ~

Vor einem großen Walde wohnte ein armer Holzhacker mit seiner Frau und seinen zwei Kindern; das Bübchen hieß Hänsel und das Mädchen Gretel. Er hatte wenig zu beißen und zu brechen, und einmal, als große Teuerung ins Land kam, konnte er sich das tägliche Brot nicht mehr leisten.

Wie er sich nun abends im Bette Gedanken machte und sich vor Sorgen herumwälzte, seufzte er und sprach zu seiner Frau: „Was soll aus uns werden? Wie können wir unsere armen Kinder ernähren, da wir für uns selbst nichts mehr haben?"

„Weißt du, was, Mann", antwortete die Frau, „wir wollen morgen in aller Frühe die Kinder hinaus in den Wald führen, wo er am dicksten ist. Da machen wir ihnen ein Feuer und geben jedem noch ein Stückchen Brot, dann gehen wir an unsere Arbeit und lassen sie allein. Sie finden den Weg nicht wieder nach Haus und wir sind sie los."

„Nein, Frau", sagte der Mann, „das tue ich nicht; wie sollt ich's übers Herz bringen, meine Kinder im Walde alleinzulassen? Die wilden Tiere würden bald kommen und sie zerreißen."

„Oh, du Narr", sagte die Frau, „dann müssen wir alle hungers sterben", und ließ ihm keine Ruhe, bis er einwilligte.

Die zwei Kinder aber hatten vor Hunger auch nicht einschlafen können und hörten, was die Stiefmutter zum Vater sagte.

Gretel weinte bittere Tränen und sprach zu Hänsel: „Nun ist es um uns geschehen."

„Still, Gretel", sprach Hänsel, „gräme dich nicht, ich will uns schon helfen." Und als die Alten eingeschlafen waren, stand er auf, zog sein Röcklein an und schlich sich hinaus. Da schien der Mond ganz hell, und die weißen Kieselsteine, die vor dem Haus lagen, glänzten wie lauter Batzen. Hänsel bückte sich und steckte so viele in sein Rocktäschlein, als nur hineinwollten.

Dann ging er wieder zurück, sprach zu Gretel: „Sei getrost, liebes Schwesterchen, und schlaf nur ruhig ein, Gott wird uns nicht verlassen", und legte sich wieder in sein Bett.

Als der Tag anbrach, noch ehe die Sonne aufgegangen war, kam schon die Frau und weckte die beiden Kinder: „Steht auf, ihr Faulenzer, wir wollen in den Wald gehen und Holz holen." Dann gab sie jedem ein Stückchen Brot und sprach: „Da habt ihr etwas für den Mittag, aber esst's nicht vorher auf, weiter kriegt ihr nichts."

Gretel nahm das Brot unter ihre Schürze, weil Hänsel die Steine in der Tasche hatte. Danach machten sie sich alle zusammen auf den Weg in den dunklen Wald. Als sie aber ein Weilchen gegangen waren, stand Hänsel still und guckte nach dem Haus zurück und tat das wieder und immer wieder.

Der Vater sprach: „Hänsel, was guckst du da und bleibst zurück?"

„Ach, Vater", sagte Hänsel, „ich sehe nach meinem weißen Kätzchen, das sitzt oben auf dem Dach und will mir Ade sagen."

Die Frau sprach: „Narr, das ist dein Kätzchen nicht, das ist die Morgensonne, die auf den Schornstein scheint."

Hänsel jedoch hatte nicht nach seinem Kätzchen gesehen, sondern immer einen von den blanken Kieselsteinen aus seiner Tasche auf den Weg geworfen.

Als sie mitten in den Wald gekommen waren, sprach der Vater: „Nun sammelt Holz, ihr Kinder, ich will ein Feuer anmachen, damit ihr nicht friert."

Hänsel und Gretel trugen Reisig zusammen, einen kleinen Berg hoch. Das Reisig ward angezündet, und als die Flamme recht hoch brannte, sagte die Frau: „Nun legt euch ans Feuer, ihr Kinder, und ruht euch aus, wir gehen in den Wald und hauen Holz. Wenn wir fertig sind, kommen wir wieder und holen euch ab."

Hänsel und Gretel saßen um das Feuer, und als der Mittag kam, aß jeder sein Stücklein Brot. Und weil sie die Schläge der Holzaxt hörten, so glaubten sie, ihr Vater wär in der Nähe. Es war aber nicht die Holzaxt, es war ein Ast, den er an einen dürren Baum gebunden hatte und den der Wind hin und her schlug. Schließlich fielen ihnen die Augen vor Müdigkeit zu und sie schliefen fest ein.

Als sie wieder erwachten, war es finstere Nacht. Gretel fing an zu weinen und sprach: „Wie sollen wir nun aus dem Wald kommen?"

Hänsel aber tröstete sie: „Wart nur ein Weilchen, bis der Mond aufgegangen ist, dann werden wir den Weg schon finden."

Und als der volle Mond aufgestiegen war, so nahm Hänsel sein Schwesterchern an die Hand und ging den Kieselsteinen nach, die schimmerten und zeigten ihnen den Weg. Sie gingen die ganze Nacht hindurch und kamen bei anbrechendem Tag wieder zu ihres Vaters Haus. Sie klopften an die Tür, und als die Frau aufmachte und sah, dass es Hänsel und Gretel waren, sprach sie: „Ihr bösen Kinder, was habt ihr so lange im Wald geschlafen, wir haben geglaubt, ihr wollet gar nicht wiederkommen." Der Vater aber freute sich, denn es war ihm zu Herzen gegangen, dass er sie so allein zurückgelassen hatte.

Nicht lange danach war wieder Not in allen Ecken, und die Kinder hörten, wie die Mutter nachts zum Vater sprach: „Alles ist wieder aufgezehrt, wir haben noch einen halben Laib Brot. Die Kinder müssen fort, wir wollen sie tiefer in den Wald hineinführen, damit sie den Weg nicht wieder herausfinden. Es ist sonst keine Rettung für uns."

Der Mann dachte: „Es wäre besser, dass du den letzten Bissen mit deinen Kindern teiltest."

Aber die Frau hörte auf nichts, was er sagte, schalt ihn und machte ihm nur Vorwürfe.

Die Kinder waren aber noch wach gewesen und hatten das Gespräch mit angehört. Als die Alten schliefen, stand Hänsel wieder auf, wollte hinaus und Kieselsteine auflesen wie das vorige Mal. Doch die Frau hatte die Tür verschlossen.

Aber er tröstete sein Schwesterchen und sprach: „Weine nicht, Gretel, und schlaf nur ruhig, der liebe Gott wird uns schon helfen."

Am frühen Morgen kam die Frau, holte die Kinder aus dem Bette und gab jedem ein Stückchen Brot. Auf dem Wege nach dem Wald stand Hänsel oft still und warf immer ein Bröcklein auf die Erde.

„Hänsel, was stehst du und guckst dich um?", fragte der Vater.

„Ich sehe nach meinem Täubchen, das sitzt auf dem Dache und will mir Ade sagen", antwortete Hänsel.

„Narr", sagte die Frau, „das ist dein Täubchen nicht, das ist die Morgensonne, die auf den Schornstein oben scheint."

Hänsel aber warf nach und nach alle Bröcklein auf den Weg.

Die Frau führte die Kinder noch tiefer in den Wald, wo sie ihr Lebtag noch nicht gewesen waren. Da ward wieder ein großes Feuer angemacht und die Mutter sagte: „Bleibt nur sitzen, ihr Kinder, und wenn ihr müde seid, könnt ihr ein wenig schlafen. Wir gehen in den Wald und hauen Holz, und abends, wenn wir fertig sind, kommen wir und holen euch ab."

Als es Mittag war, teilte Gretel ihr Brot mit Hänsel, der sein Stück auf den Weg gestreut hatte. Dann schliefen sie ein und der Abend verging. Aber niemand kam zu den armen Kindern. Sie erwachten erst in der finsteren Nacht und Hänsel tröstete sein Schwesterchen und sagte: „Wart nur, bis der Mond aufgeht, dann werden wir die Brotbröcklein sehen, die ich ausgestreut habe, die zeigen uns den Weg nach Haus."
Aber als der Mond kam, fanden sie kein Bröcklein, denn die Vögel, die im Walde und im Felde umherfliegen, die hatten sie weggepickt. Hänsel sagte zu Gretel: „Wir werden den Weg schon finden."
Doch sie fanden ihn nicht. Sie gingen die ganze Nacht und noch einen Tag, aber sie kamen aus dem Wald nicht heraus und waren so hungrig, denn sie hatten nichts als die paar Beeren, die auf der Erde standen. Und weil sie so müde waren, dass die Beine sie nicht mehr tragen wollten, so legten sie sich unter einen Baum und schliefen ein.
Nun war's schon der dritte Morgen, dass sie ihres Vaters Haus verlassen hatten. Sie fingen wieder an zu gehen, aber sie gerieten immer tiefer in den Wald, und wenn nicht bald Hilfe kam, mussten sie verschmachten. Als es Mittag war, sahen sie ein schneeweißes Vöglein auf einem Ast sitzen, das sang so schön, dass sie stehen blieben und ihm zuhörten. Und als es fertig war, schwang es seine Flügel und flog vor ihnen her, und sie gingen ihm nach, bis sie zu einem Häuschen gelangten, auf dessen Dach es sich setzte. Und als sie ganz nahe herankamen, so sahen sie, dass das Häuslein aus Brot gebaut war und mit Kuchen gedeckt; aber die Fenster waren von hellem Zucker.
„Da wollen wir uns dranmachen", sprach Hänsel, „und eine gesegnete Mahlzeit halten. Ich will ein Stück vom Dach essen, Gretel, du kannst vom Fenster essen, das schmeckt süß."
Hänsel reichte in die Höhe und brach sich ein wenig vom Dach ab, um zu versuchen, wie es schmeckte, und Gretel stellte sich an die Scheiben und knusperte daran.

Da rief eine feine Stimme aus der Stube heraus: „Knusper, knusper, Knäuschen, wer knabbert an meinem Häuschen?"

Die Kinder antworteten: „Der Wind, der Wind, das himmlische Kind", und aßen weiter, ohne sich irre machen zu lassen. Hänsel, dem das Dach sehr gut schmeckte, riss sich ein großes Stück davon herunter, und Gretel stieß eine ganze runde Fensterscheibe heraus, setzte sich nieder und tat sich wohl damit.

Da ging auf einmal die Türe auf, und eine steinalte Frau, die sich auf eine Krücke stützte, kam herausgeschlichen. Hänsel und Gretel erschraken gewaltig!

Die Alte aber wackelte mit dem Kopfe und sprach: „Ei, ihr lieben Kinder, wer hat euch hierhergebracht? Kommt nur herein und bleibt bei mir, es geschieht euch kein Leid."

Sie fasste beide an der Hand und führte sie in ihr Häuschen. Da ward ein gutes Essen aufgetragen, Milch und Pfannkuchen mit Zucker, Äpfel und Nüsse. Hernach wurden zwei Bettlein weiß gedeckt, und Hänsel und Gretel legten sich hinein und meinten, sie wären im Himmel.

Die Alte aber hatte sich nur freundlich gestellt. Sie war eine böse Hexe, die den Kindern auflauerte, und hatte das Brothäuslein bloß gebaut, um sie herbeizulocken. Wenn eins in ihre Gewalt kam, so machte sie es tot, kochte es und aß es, und das war ihr ein Festtag. Die Hexen können nicht weit sehen, aber sie haben eine feine Witterung wie die Tiere und merken's, wenn Menschen herankommen. Als Hänsel und Gretel in ihre Nähe kamen, da lachte sie boshaft und sprach höhnisch: „Die habe ich, die sollen mir nicht wieder entwischen!"

Frühmorgens, ehe die Kinder erwacht waren, stand sie schon auf, und als sie beide so lieblich ruhen sah, mit den vollen roten Backen, so murmelte sie: „Das wird ein guter Bissen werden."

Da packte sie Hänsel mit ihrer dürren Hand und trug ihn in einen kleinen Stall und sperrte ihn hinter einer Gittertüre ein. Er mochte schreien, wie er wollte, es half ihm nichts. Dann ging sie zu Gretel, rüttelte sie wach und rief: „Steh auf, Faulenzerin, trag Wasser und koch deinem Bruder etwas Gutes, der sitzt draußen im Stall und soll fett werden. Wenn er fett ist, so will ich ihn essen."

Gretel fing an, bitterlich zu weinen, aber es war alles vergeblich, sie musste tun, was die böse Hexe verlangte. Nun ward dem armen Hänsel das beste Essen gekocht, aber Gretel bekam nichts als Krebsschalen. Jeden Morgen schlich die Alte zu dem Ställchen und rief: „Hänsel, streck deine Finger heraus, damit ich fühle, ob du bald fett bist." Hänsel streckte ihr aber ein Knöchlein heraus, und die Alte, die trübe Augen hatte, konnte es nicht sehen und meinte, es wären Hänsels Finger, und wunderte sich, dass er gar nicht fett werden wollte.

Als vier Wochen herum waren und Hänsel mager blieb, da überkam sie die Ungeduld, und sie wollte nicht länger warten.

„Heda, Gretel", rief sie dem Mädchen zu, „hole Wasser! Hänsel mag fett oder mager sein, morgen will ich ihn schlachten und kochen."

Ach, wie jammerte das arme Schwesterchen und wie flossen ihm die Tränen über die Backen herunter!

„Spar dir nur dein Geplärre", sagte die Alte, „es hilft dir alles nichts."
Frühmorgens musste Gretel heraus, den Kessel mit Wasser aufhängen und Feuer anzünden.

„Erst wollen wir backen", sagte die Alte, „ich habe den Backofen schon eingeheizt und den Teig geknetet." Sie stieß das arme Gretel hinaus zu dem Backofen, aus dem die Feuerflammen herausschlugen.

„Kriech hinein", sagte die Hexe, „und sieh zu, ob recht eingeheizt ist, damit wir das Brot hineinschieben können." Und wenn Gretel darin war, wollte sie den Ofen zumachen, und Gretel sollte darin braten, und dann wollte sie's aufessen.

Aber Gretel merkte, was die Hexe im Sinn hatte, und sprach: „Ich weiß nicht, wie ich's machen soll. Wie komm ich da hinein?"

„Dumme Gans", sagte die Alte, „die Öffnung ist groß genug, siehst du wohl, ich könnte selbst hinein", krabbelte heran und steckte den Kopf in den Backofen. Da gab Gretel ihr einen Stoß, dass die Hexe weit hineinfuhr, machte die eiserne Tür zu und schob den Riegel vor. Hu! Da fing es an zu heulen, ganz grauslich. Aber Gretel lief fort und die gottlose Hexe musste elendiglich verbrennen.

Gretel lief schnurstracks zu Hänsel, öffnete sein Ställchen und rief: „Hänsel, wir sind erlöst, die alte Hexe ist tot."

Da sprang Hänsel wie ein Vogel aus dem Käfig, wenn ihm die Türe aufgemacht wird. Wie haben sie sich gefreut, sind sich um den Hals gefallen, sind herumgesprungen und haben sich geküsst! Und weil sie sich nicht mehr zu fürchten brauchten, so gingen sie in das Haus der Hexe hinein. Da standen in allen Ecken Kisten und Kasten mit Perlen und Edelsteinen.

„Die sind noch besser als Kieselsteine", sagte Hänsel und steckte in seine Taschen, was hineinwollte.

Und Gretel sagte: „Ich will auch etwas mit nach Haus bringen", und füllte ihr Schürzchen voll.

„Aber jetzt wollen wir fort", sagte Hänsel, „damit wir aus dem Hexenwald herauskommen."

Und als sie ein paar Stunden gegangen waren, gelangten sie an ein großes Wasser. „Wir können nicht hinüber", sprach Hänsel, „ich sehe keinen Steg und keine Brücke."

„Hier fährt auch kein Schiffchen", antwortete Gretel, „aber sieh, da schwimmt eine weiße Ente, wenn ich die bitte, so hilft sie uns hinüber." Und sie rief: „Entchen, Entchen, da stehen Gretel und Hänsel. Kein Steg und keine Brücke, nimm uns auf deinen weißen Rücken!"

Das Entchen kam auch heran, und Hänsel setzte sich auf und bat sein Schwesterchen, sich zu ihm zu setzen.

„Nein", antwortete Gretel, „es wird dem Entchen zu schwer, es soll uns nacheinander hinüberbringen."

Das tat das gute Tierchen, und als sie glücklich drüben waren und ein Weilchen fortgingen, da kam ihnen der Wald immer bekannter vor, und endlich erblickten sie von Weitem ihres Vaters Haus. Da fingen sie an zu laufen, stürzten in die Stube hinein und fielen ihrem Vater um den Hals.

Der Mann hatte keine frohe Stunde gehabt, seitdem er die Kinder im Walde gelassen hatte, die Frau aber war gestorben. Gretel schüttelte ihr Schürzchen aus, dass die Perlen und Edelsteine in der Stube herumsprangen, und Hänsel warf eine Hand voll nach der anderen aus seiner Tasche dazu. Da hatten alle Sorgen ein Ende und sie lebten in lauter Freude zusammen.

~ 57 ~

Die sechs Schwäne

Es war einmal ein König, der jagte in einem großen Wald einem Wild so eifrig nach, dass ihm niemand von seinen Leuten folgen konnte. Als der Abend herankam, hielt er still und blickte um sich und merkte, dass er sich verirrt hatte und nicht mehr zurückfand. Da sah er eine alte Frau mit wackelndem Kopfe, die auf ihn zukam. Das war aber eine Hexe.

„Liebe Frau", sprach er zu ihr, „könnt Ihr mir nicht den Weg durch den Wald zeigen?"

„Oh ja, Herr König", antwortete sie, „das kann ich wohl, aber es ist eine Bedingung dabei. Wenn Ihr die nicht erfüllt, so kommt Ihr nimmermehr aus dem Wald und müsst sterben."

„Was ist das für eine Bedingung?", fragte der König.

„Ich habe eine Tochter", sagte die Alte, „wollt Ihr die zur Frau Königin machen, so zeige ich Euch den Weg aus dem Walde."

Der König in der Angst seines Herzens willigte ein, und die Alte führte ihn zu ihrem Häuschen, wo ihre Tochter beim Feuer saß. Sie empfing den König, als wenn sie ihn erwartet hätte, und er sah, dass sie sehr schön war, aber sie gefiel ihm doch nicht und er konnte sie nicht ohne heimliches Grausen ansehen. Nachdem er das Mädchen zu sich aufs Pferd gehoben hatte, zeigte ihm die Alte den Weg, und der König gelangte wieder in sein Schloss, wo die Hochzeit gefeiert wurde.

Der König aber war schon einmal verheiratet gewesen und hatte von seiner ersten Gemahlin sieben Kinder, sechs Knaben und ein Mädchen, die er über alles liebte. Weil er nun fürchtete, die Stiefmutter würde sie nicht gut behandeln und ihnen gar ein Leid antun, brachte er sie in ein einsames Schloss, das mitten in einem Walde stand. Es lag so verborgen und der Weg war so schwer zu finden, dass er ihn selbst nicht gefunden hätte, wenn ihm nicht eine weise Frau ein Knäuel Garn von wunderbarer Eigenschaft geschenkt hätte: Wenn er das vor sich hinwarf, so wickelte es sich von selbst los und zeigte ihm den Weg.

Der König aber ging so oft zu seinen Kindern, dass der Königin seine Abwesenheit auffiel. Sie war neugierig und wollte wissen, was er draußen ganz allein in dem Walde zu schaffen habe. Da gab sie seinen Dienern Geld und die sagten ihr von den Kindern und dem Knäuel. Und als sie herausgebracht hatte, wo der König das Knäuel aufbewahrte, machte sie kleine weißseidene Hemdchen. Da sie aber von ihrer Mutter die Hexenkünste gelernt hatte, nähte sie einen Zauber hinein. Und als der König einmal auf die Jagd geritten war, nahm sie die Hemdchen und ging in den Wald, und das Knäuel zeigte ihr den Weg. Die Kinder, die aus der Ferne jemand kommen sahen, meinten, ihr lieber Vater käme zu ihnen, und sprangen ihm voller Freude entgegen. Da warf sie über ein jedes ein Hemdchen, und wie das ihren Leib berührte, verwandelten sie sich in Schwäne und flogen über den Wald davon. Die Königin aber ging vergnügt nach Haus und glaubte, ihre Stiefkinder los zu sein, doch das Mädchen war ihr nicht entgegengelaufen, und sie wusste nichts von ihm.

Anderen Tags kam der König und wollte seine Kinder besuchen, er fand aber niemand als das Mädchen.

„Wo sind deine Brüder?", fragte der König.

„Ach, lieber Vater", antwortete das Kind, „die sind fort."

Und dann erzählte es, dass es aus seinem Fensterlein mit angesehen habe, wie seine Brüder als Schwäne über den Wald weggeflogen wären, und zeigte ihm die Federn, die sie in dem Hof hatten fallen lassen und die es aufgelesen hatte. Der König trauerte, aber er dachte nicht, dass die Königin die böse Tat vollbracht hätte. Und weil er fürchtete, das Mädchen würde ihm auch geraubt, so wollte er es mit sich fortnehmen.

Aber es hatte Angst vor der Stiefmutter und bat, nur noch diese Nacht im Waldschloss bleiben zu dürfen. Und als es dunkel wurde, entfloh es und lief gerade in den Wald hinein. Es ging die ganze Nacht hindurch und auch den anderen Tag in einem fort, bis es vor Müdigkeit nicht weiterkonnte. Da sah es eine Wildhütte, stieg hinauf und fand eine Stube mit sechs kleinen Betten. Aber es getraute sich nicht, sich in eins zu legen, sondern kroch unter eins, legte sich auf den harten Boden und wollte die Nacht dort zubringen. Als aber die Sonne bald untergehen wollte, hörte es ein Rauschen und sah, dass sechs Schwäne zum Fenster hereingeflogen kamen. Sie setzten sich auf den Boden und bliesen einander an. Und wie sie bliesen, da lösten sich alle Federn und die Schwanenhaut streifte sich ab wie ein Hemd. Da erkannte das Mädchen ihre Brüder, freute sich und kroch unter dem Bett hervor. Die Brüder waren nicht weniger erfreut, als sie ihr Schwesterchen erblickten, aber ihre Freude war von kurzer Dauer.

„Hier kannst du nicht bleiben", sprachen sie, „hier wohnen Räuber, und wenn die heimkommen und dich finden, so ermorden sie dich."

„Könnt ihr mich denn nicht beschützen?", fragte das Schwesterchen.

„Nein", antworteten sie, „denn wir können nur eine Viertelstunde lang jeden Abend unsere Schwanenhaut ablegen und haben in dieser Zeit unsere menschliche Gestalt, aber dann werden wir wieder in Schwäne verwandelt."

Das Schwesterchen weinte und fragte: „Könnt ihr denn durch gar nichts erlöst werden?"

„Ach nein", antworteten sie, „die Bedingungen sind viel zu schwer. Du darfst sechs Jahre lang nicht sprechen und nicht lachen und musst in der Zeit sechs Hemdchen für uns aus Sternblumen zusammennähen. Kommt ein einziges Wort aus deinem Munde, so ist alle Arbeit verloren." Und als die Brüder das ausgesprochen hatten, war die Viertelstunde herum und sie flogen als Schwäne wieder zum Fenster hinaus.

Das Mädchen aber fasste den festen Entschluss, seine Brüder zu erlösen, und wenn es auch sein Leben kostete. Es verließ die Wildhütte, ging mitten in den Wald und setzte sich auf einen Baum und brachte da die Nacht zu. Am anderen Morgen ging es aus, sammelte Sternblumen und fing an zu nähen. Reden konnte es mit niemandem und zum Lachen hatte es keine Lust: Es saß da und sah nur auf seine Arbeit. Als es schon lange Zeit so zugebracht hatte, geschah es, dass der König des Landes in dem Wald jagte und seine Jäger zu dem Baum kamen, auf welchem das Mädchen saß.

Sie riefen es an und sagten: „Wer bist du?" Es gab aber keine Antwort. „Komm herab zu uns", sagten sie, „wir wollen dir nichts zuleide tun." Es schüttelte bloß den Kopf. Als sie es aber weiter mit Fragen bedrängten, so warf es ihnen seine goldene Halskette herab und dachte, sie damit zufriedenzustellen. Sie ließen aber nicht ab, da warf es ihnen seinen Gürtel herab, und als auch das nichts half, seine Strumpfbänder und nach und nach alles, was es anhatte und entbehren konnte, sodass es nichts mehr als sein Hemdlein behielt. Die Jäger ließen sich aber damit nicht abweisen, stiegen auf den Baum, hoben das Mädchen herab und führten es vor den König.

Der König fragte: „Wer bist du? Was machst du auf dem Baum?" Aber es antwortete nicht. Er fragte es in allen Sprachen, die er kannte, doch es blieb stumm wie ein Fisch. Weil es aber so schön war, ward des Königs Herz gerührt, und er fasste eine große Liebe zu ihm. Er tat ihm seinen Mantel um, nahm es vor sich aufs Pferd und brachte es in sein Schloss. Da ließ er ihm reiche Kleider anlegen, und es strahlte in seiner Schönheit wie der helle Tag, aber noch immer war kein Wort aus ihm herauszubringen. Er setzte es bei Tisch an seine Seite, und seine bescheidenen Mienen und seine Sittsamkeit gefielen ihm so sehr, dass er sprach: „Diese begehre ich zu heiraten und keine andere auf der Welt." Und nach einigen Tagen vermählte er sich mit ihr.

Der König aber hatte eine böse Mutter, die war unzufrieden mit dieser Heirat und sprach schlecht von der jungen Königin. „Wer weiß, wo die Dirne her ist", sagte sie, „die nicht reden kann: Sie ist eines Königs nicht würdig."

Über ein Jahr, als die Königin das erste Kind zur Welt brachte, nahm es ihr die Alte weg und bestrich ihr im Schlafe den Mund mit Blut. Da ging sie zum König und klagte sie an, sie wäre eine Menschenfresserin. Der König mochte es nicht glauben und wollte nicht, dass man ihr ein Leid antat. Die Königin aber nähte beständig an den Hemdchen und achtete auf nichts anderes.

Das nächste Mal, als sie wieder einen schönen Knaben gebar, übte die falsche Schwiegermutter denselben Betrug aus, doch der König konnte sich nicht entschließen, ihren Reden zu glauben. Er sprach: „Sie ist zu fromm und gut, als dass sie so etwas tun könnte. Wäre sie nicht stumm und könnte sie sich verteidigen, so würde ihre Unschuld gewiss an den Tag kommen."

Als aber das dritte Mal die Alte das neugeborene Kind raubte und die Königin anklagte, die kein Wort zu ihrer Verteidigung vorbrachte, so konnte der König nicht anders, er musste sie dem Gericht übergeben, und das verurteilte sie, den Tod durchs Feuer zu erleiden.

An dem Tag, an dem das Urteil vollzogen werden sollte, aber war zugleich der letzte Tag von den sechs Jahren herum, in welchen sie nicht sprechen und nicht lachen durfte, und sie hatte ihre lieben Brüder aus der Macht des Zaubers befreit. Die sechs Hemden waren fertig geworden. Bloß an dem letzten fehlte noch der linke Ärmel.

Als sie nun zum Scheiterhaufen geführt wurde, legte sie die Hemden auf ihren Arm, und als sie oben stand und das Feuer eben angezündet werden sollte, da kamen sechs Schwäne durch die Luft dahergezogen. Sie rauschten zu ihr herab, sodass sie ihnen die Hemden überwerfen konnte. Und wie sie davon berührt wurden, fielen die Schwanenhäu-

te ab, und ihre Brüder standen leibhaftig vor ihr und waren frisch und schön. Nur dem jüngsten fehlte der linke Arm und er hatte dafür einen Schwanenflügel am Rücken.

Sie herzten und küssten sich und die Königin ging zu dem König, der ganz bestürzt war, und sagte: „Liebster Gemahl, nun darf ich sprechen und dir offenbaren, dass ich unschuldig bin und fälschlich angeklagt wurde." Und sie erzählte ihm von dem Betrug der Alten, die ihre drei Kinder weggenommen und verborgen hatte.

Da wurden sie zur großen Freude des Königs herbeigeholt und die böse Schwiegermutter musste anstelle der Königin auf dem Scheiterhaufen sterben. Der König aber und seine Frau mit ihren sechs Brüdern lebten lange Jahre in Glück und Frieden.

~ 65 ~

Frau Holle

Eine Witwe hatte zwei Töchter, davon war die eine schön und fleißig, die andere hässlich und faul. Sie hatte aber die hässliche und faule, weil sie ihre rechte Tochter war, viel lieber, und die andere musste alle Arbeit tun. Das arme Mädchen musste sich täglich auf die große Straße bei einem Brunnen setzen und so viel spinnen, dass ihm das Blut aus den Fingern rann.

Nun trug es sich zu, dass die Spule einmal ganz blutig war, da bückte es sich damit in den Brunnen und wollte sie abwaschen; sie sprang ihm aber aus der Hand und fiel hinab. Das Kind weinte, lief zur Stiefmutter und erzählte ihr das Unglück. Doch die schalt es heftig und war so unbarmherzig, dass sie sprach: „Hast du die Spule hinunterfallen lassen, so hol sie auch wieder herauf."

Da ging das Mädchen zu dem Brunnen zurück und wusste nicht, was es anfangen sollte, und in seiner Herzensangst sprang es in den Brunnen hinein, um die Spule zu holen. Es verlor die Besinnung, und als es wieder erwachte, war es auf einer schönen Wiese, wo die Sonne schien und vieltausend Blumen standen. Auf dieser Wiese ging es fort und kam zu einem Backofen, der war voller Brot.

Das Brot aber rief: „Ach, zieh mich raus, zieh mich raus, sonst verbrenn ich: Ich bin schon längst ausgebacken." Da trat es herzu und holte mit dem Brotschieber alles nacheinander heraus.

Danach ging es weiter und kam zu einem Baum, der hing voller Äpfel, und rief ihm zu: „Ach, schüttel mich, schüttel mich, wir Äpfel sind alle reif." Da schüttelte es den Baum, bis kein Apfel mehr oben war, und als es alle in einen Haufen zusammengelegt hatte, ging es weiter.

Endlich kam es zu einem kleinen Haus, daraus guckte eine alte Frau, die rief: „Lauf nicht fort, ich bin die Frau Holle! Bleib bei mir, wenn du alle Arbeit in meinem Hause ordentlich tust, so soll's dir gut gehn. Du musst nur achtgeben, dass du mein Bett gut machst und es fleißig aufschüttelst, dass die Federn fliegen, dann schneit es in der Welt."

Weil die Alte ihm so gut zusprach, fasste sich das Mädchen ein Herz, willigte ein und begab sich in ihren Dienst.

Es besorgte auch alles nach Frau Holles Zufriedenheit und schüttelte ihr das Bett immer gewaltig, auf dass die Federn wie Schneeflocken umherflogen. Dafür hatte es auch ein gutes Leben, kein böses Wort und alle Tage Gesottenes und Gebratenes.

Nun war es eine Zeit lang bei der Frau Holle, da ward es traurig und wusste anfangs selbst nicht, was ihm fehlte. Endlich merkte es, dass es Heimweh war. Obschon es ihm hier gleich vieltausendmal besser ging als zu Haus, so hatte es doch ein Verlangen dahin. Endlich sagte es: „Auch wenn es mir noch so gut hier unten geht, so kann ich doch nicht länger bleiben, ich muss wieder hinauf zu den Meinigen."

Die Frau Holle sagte: „Es gefällt mir, dass du wieder nach Haus verlangst, und weil du mir so treu gedient hast, so will ich dich selbst wieder hinaufbringen."

Sie nahm es darauf bei der Hand und führte es vor ein großes Tor. Das Tor ward aufgetan, und wie das Mädchen gerade darunterstand, fiel ein gewaltiger Goldregen, und alles Gold blieb an ihm hängen, sodass es über und über davon bedeckt war.

„Das sollst du haben, weil du so fleißig gewesen bist", sprach die Frau Holle und gab ihm auch die Spule wieder, die ihm in den Brunnen gefallen war.

Darauf ward das Tor verschlossen, und das Mädchen befand sich oben auf der Welt, nicht weit von seiner Stiefmutter Haus. Und als es in den Hof kam, saß der Hahn auf dem Brunnen und rief: „Kikeriki, unsere goldene Jungfrau ist wieder hie."

Da ging es hinein zu seiner Mutter, und weil es so mit Gold bedeckt ankam, ward es von ihr und der Schwester gut aufgenommen. Das Mädchen erzählte alles, was ihm begegnet war, und als die Mutter hörte, wie es zu dem großen Reichtum gekommen war, wollte sie der anderen, hässlichen und faulen Tochter gern dasselbe Glück verschaffen. Sie musste sich an den Brunnen setzen und spinnen, und damit ihre Spule blutig ward, stach sie sich in die Finger und stieß sich die Hand in die Dornhecke. Dann warf sie die Spule in den Brunnen und sprang selbst hinein. Sie kam, wie ihre Schwester, auf die schöne Wiese und ging auf demselben Pfade weiter.

Als sie zu dem Backofen gelangte, schrie das Brot wieder: „Ach, zieh mich raus, zieh mich raus, sonst verbrenn ich, ich bin schon längst ausgebacken." Die Faule aber antwortete: „Hätt ich etwa Lust, mich schmutzig zu machen?", und ging fort.

Bald kam sie zu dem Apfelbaum, der rief: „Ach, schüttel mich, schüttel mich, wir Äpfel sind alle reif." Sie antwortete aber: „Du kommst mir gerade recht, es könnte mir einer auf den Kopf fallen!", und ging damit weiter. So kam sie zu der Frau Holle. Am ersten Tag war sie fleißig und folgte der Frau Holle, wenn sie ihr etwas sagte, denn sie dachte an das viele Gold, das sie ihr schenken würde. Am zweiten Tag aber fing sie schon an zu faulenzen und am dritten noch mehr, da wollte sie morgens gar nicht aufstehen. Sie machte auch der Frau Holle das Bett nicht, wie sich's gebührte, und schüttelte es nicht, dass die Federn aufflogen.

Das ward die Frau Holle bald müde und sagte ihr den Dienst auf. Die Faule war das wohl zufrieden und meinte, nun würde der Goldregen kommen. Die Frau Holle führte sie auch zu dem Tor, als sie aber darunterstand, ward statt des Goldes ein großer Kessel voller Pech ausgeschüttet. „Das ist die Belohnung für deine Dienste", sagte die Frau Holle und schloss das Tor zu.

Da kam die Faule heim, aber sie war ganz mit Pech bedeckt, und der Hahn auf dem Brunnen, als er sie sah, rief: „Kikeriki, unsere schmutzige Jungfrau ist wieder hie." Das Pech aber blieb fest an ihr hängen und wollte, solange sie lebte, nicht abgehen.

Es war einmal ein Müller, der hatte drei Söhne, seine Mühle, einen Esel und einen Kater. Die Söhne mussten mahlen, der Esel Getreide holen und Mehl forttragen, die Katze dagegen die Mäuse wegfangen. Als der Müller starb, teilten sich die drei Söhne die Erbschaft: Der älteste bekam die Mühle, der zweite den Esel, der dritte den Kater; weiter blieb nichts für ihn übrig.

Da war er traurig und sprach zu sich: „Mir ist es doch recht schlimm ergangen, mein ältester Bruder kann mahlen, mein zweiter auf seinem Esel reiten – was aber kann ich mit dem Kater anfangen? Ich lass mir ein Paar Handschuhe aus seinem Fell machen, dann ist's vorbei."

„Hör", fing der Kater an, der alles verstanden hatte, „du brauchst mich nicht zu töten, um ein Paar schlechte Handschuhe aus meinem Pelz zu kriegen. Lass mir nur ein Paar Stiefel machen, dass ich ausgehen kann, dann soll dir bald geholfen sein."

Der Müllerssohn verwunderte sich, dass der Kater so sprach, weil aber eben der Schuster vorbeiging, rief er ihn herein und ließ die Stiefel anmessen. Als sie fertig waren, zog sie der Kater an, nahm einen Sack, machte dessen Boden voller Korn und band eine Schnur drum, womit man ihn zuziehen konnte. Dann warf er ihn über den Rücken und ging auf zwei Beinen, wie ein Mensch, zur Tür hinaus.

Damals regierte ein König im Land, der aß so gern Rebhühner. Es war aber eine Not, dass keine zu kriegen waren. Der ganze Wald war voll, aber sie waren so scheu, dass kein Jäger sie fangen konnte. Das wusste der Kater und gedachte, seine Sache besser zu machen. Als er in den Wald kam, machte er seinen Sack auf, breitete das Korn aus, die Schnur aber legte er ins Gras und leitete sie hinter eine Hecke. Dort versteckte er sich und lauerte. Die Rebhühner kamen bald, fanden das Korn – und eins nach dem anderen hüpfte in den Sack hinein. Als eine gute Anzahl drinnen war, zog der Kater den Strick zu, lief herbei und drehte ihnen die Hälse um.

Dann warf er den Sack auf den Rücken und ging geradewegs zum Schloss des Königs.

Die Wache rief: „Halt! Wohin?"

„Zum König!", antwortete der Kater kurzweg.

„Bist du toll, ein Kater und zum König?", sagte einer.

„Lass ihn nur gehen", sagte ein anderer, „der König hat doch oft Langeweile, vielleicht macht ihm der Kater mit seinem Brummen und Spinnen Vergnügen."

Als der Kater vor den König kam, machte er eine tiefe Verbeugung und sagte: „Mein Herr, der Graf" – dabei nannte er einen langen und vornehmen Namen –, „lässt sich dem Herrn König empfehlen und schickt ihm hier Rebhühner."

Der König wusste sich vor Freude nicht zu fassen und befahl dem Kater, so viel Gold aus der Schatzkammer in seinen Sack zu tun, wie er nur tragen könne: „Das bringe deinem Herrn und danke ihm vielmals für sein Geschenk."

Der arme Müllerssohn aber saß zu Haus am Fenster, stützte den Kopf auf die Hand und dachte, dass er nun sein letztes Geld für die Stiefel des Katers weggegeben habe und der ihm wohl nichts Besseres dafür bringen könne.

Da trat der Kater herein, warf den Sack vom Rücken und schüttete das Gold vor den Müller hin: „Da hast du etwas Gold vom König, der dich grüßen lässt und sich für die Rebhühner bei dir bedankt."

Der Müller war froh über den Reichtum, ohne dass er noch recht begreifen konnte, wie es zugegangen war. Der Kater aber, während er seine Stiefel auszog, erzählte ihm alles.

Dann sagte er: „Du hast jetzt Geld, aber dabei soll es nicht bleiben. Morgen ziehe ich meine Stiefel wieder an, dann sollst du noch reicher werden. Dem König habe ich nämlich gesagt, dass du ein Graf bist."

Am anderen Tag ging der Kater, wie er gesagt hatte, wohlgestiefelt, wieder auf die Jagd und brachte dem König einen reichen Fang. So ging es fort, und der Kater brachte alle Tage Gold heim und ward so beliebt beim König, dass er im Schlosse ein- und ausgehen durfte. Einmal stand der Kater in der Küche des Schlosses beim Herd und wärmte sich, da kam der Kutscher und fluchte: „Ich wünschte, der König mit der Prinzessin wäre beim Henker! Ich wollte ins Wirtshaus gehen, einmal einen trinken und Karten spielen, da soll ich sie spazieren fahren an den See."

Wie der Kater das hörte, schlich er nach Haus und sagte zu seinem Herrn: „Wenn du ein Graf und reich werden willst, so komm mit mir hinaus an den See und bade darin."

Der Müller wusste nicht, was er dazu sagen sollte, doch folgte er dem Kater, ging mit ihm, zog sich aus und sprang ins Wasser. Der Kater aber nahm seine Kleider, trug sie fort und versteckte sie. Kaum war er damit fertig, da kam der König dahergefahren. Der Kater fing sogleich an, erbärmlich zu lamentieren: „Ach! Allergnädigster König! Mein Herr, der hat sich hier im See zum Baden begeben, da ist ein Dieb gekommen und hat ihm die Kleider gestohlen, die am Ufer lagen. Nun ist der Herr Graf im Wasser und kann nicht heraus, und wenn er sich noch länger darin aufhält, wird er sich erkälten und sterben."

Wie der König das hörte, ließ er anhalten, und einer seiner Leute musste zurückjagen und von des Königs Kleider holen. Der Herr Graf zog die prächtigen Kleider an, und weil ihm ohnehin der König wegen der Rebhühner, die er meinte, von ihm empfangen zu haben, gewogen war, so musste er sich zu ihm in die Kutsche setzen. Die Prinzessin war auch nicht bös darüber, denn der Graf war jung und schön und er gefiel ihr recht gut.

Der Kater aber war vorausgegangen und zu einer großen Wiese gekommen, wo über hundert Leute waren und Heu machten. „Wem gehört die Wiese, ihr Leute?", fragte der Kater.

„Dem großen Zauberer", antworteten die Leute.

„Hört, jetzt wird gleich der König vorbeifahren. Wenn er wissen will, wem die Wiese gehört, so antwortet: dem Grafen. Und wenn ihr das nicht tut, so werdet ihr alle erschlagen."

Darauf ging der Kater weiter und kam an ein Kornfeld, so groß, dass es niemand übersehen konnte. Da standen mehr als zweihundert Leute und schnitten das Korn. „Wem gehört das Korn, ihr Leute?"

„Dem Zauberer", sagten sie.

„Hört, jetzt wird gleich der König vorbeifahren. Wenn er wissen will, wem das Korn gehört, so antwortet: dem Grafen. Und wenn ihr das nicht tut, so werdet ihr alle erschlagen."

Endlich kam der Kater an einen Wald, da standen mehr als dreihundert Leute und machten Holz. „Wem gehört der Wald, ihr Leute?" – „Dem Zauberer." – „Hört, jetzt wird gleich der König vorbeifahren. Wenn er wissen will, wem der Wald gehört, so antwortet: dem Grafen. Und wenn ihr das nicht tut, so werdet ihr alle erschlagen."

Der Kater ging noch weiter, die Leute sahen ihm alle nach, und weil er so wunderlich aussah und wie ein Mensch in Stiefeln daherging, fürchteten sie sich vor ihm. Er kam aber bald an des Zauberers Schloss, trat keck hinein und vor diesen hin.

Der Zauberer sah ihn verächtlich an, dann fragte er ihn, was er wolle. Der Kater verbeugte sich tief und sagte: „Ich habe gehört, dass du dich in jedes Tier verwandeln könntest. Was einen Hund, Fuchs oder auch Wolf betrifft, da will ich es wohl glauben, aber ein Elefant scheint mir ganz und gar unmöglich. Und deshalb bin ich gekommen, um mich selbst zu überzeugen."

Der Zauberer sagte stolz: „Das ist für mich eine Kleinigkeit", und war in dem Augenblick in einen Elefanten verwandelt.

„Das ist viel", sagte der Kater, „aber was ist mit einem Löwen?"

„Das ist auch nichts für mich", sagte der Zauberer und sogleich stand er als Löwe vor dem Kater.

Der Kater stellte sich erschrocken und rief: „Das ist unglaublich! Aber kannst du dich auch in eine kleine Maus verwandeln?"

Der Zauberer ward ganz freundlich von den süßen Worten und sagte: „Oh ja, liebes Kätzchen, das kann ich auch", und schon sprang er als eine Maus im Zimmer herum.

Da fing der Kater die Maus und fraß sie auf!

Der König aber war mit dem Grafen und der Prinzessin weiter spazieren gefahren und kam zu der großen Wiese.

„Wem gehört das Heu?", fragte der König.

„Dem Herrn Grafen!", riefen alle, wie der Kater ihnen befohlen hatte.

„Ihr habt da ein schönes Stück Land, Herr Graf", sagte der König.

Danach kamen sie an das große Kornfeld. „Wem gehört das Korn, ihr lieben Leute?" – „Dem Herrn Grafen." – „Ei! Herr Graf! Große, schöne Ländereien!"

Darauf zu dem Wald: „Wem gehört das Holz, ihr Leute?" – „Dem Herrn Grafen." – Der König verwunderte sich noch mehr und sagte: „Ihr müsst ein reicher Mann sein, Herr Graf, ich glaube nicht, dass ich einen so prächtigen Wald habe."

Endlich kamen sie an das Schloss. Der Kater stand oben an der Treppe, und als der Wagen unten hielt, sprang er herab, machte die Türe auf und sagte: „Herr König, Ihr gelangt hier in das Schloss meines Herrn, des Grafen, den diese Ehre für sein Lebtag glücklich machen wird."

Der König stieg aus und bestaunte das prächtige Gebäude, das fast noch größer und schöner war als sein eigenes Schloss. Der Graf aber führte die Prinzessin die Treppe hinauf in den Saal, der ganz von Gold und Edelsteinen flimmerte. Da ward die Prinzessin dem Grafen versprochen, und als der König starb, ward der Müllerssohn König, der gestiefelte Kater aber sein erster Minister.

Brüder Grimm

Jakob Ludwig Karl Grimm wurde am 4. Januar 1785, sein Bruder Wilhelm Karl Grimm am 24. Februar 1786 in Hanau geboren.
Die Kinder verbrachten die ersten Jahre in Steinau und besuchten später das Lyzeum in Kassel. Während ihres Studiums machten sich die Brüder mit Mythen, Märchen, Sagen und Volksliedern vertraut.
Im Jahr 1812 veröffentlichten sie den ersten Band ihrer weltberühmten Kinder- und Hausmärchen. Die Texte entstammten nicht ihrer eigenen Fantasie, sondern wurden nach alten, hauptsächlich mündlich überlieferten Geschichten aufgeschrieben.
Die Märchensammlung war auf Anhieb so erfolgreich, dass 1815 ein zweiter Band folgte. Noch zu Lebzeiten der Gebrüder Grimm erschienen etliche Auflagen und unterschiedliche Ausgaben.
Wilhelm Grimm starb am 16. Dezember 1859 in Berlin, sein Bruder vier Jahre später am 20. September 1863.